Franz Varrentrapp

Versuch einer pragmatischen Geschichte

Von der merkwürdigen Zusammenkunft des deutschen Nationalgeistes und der

politischen Kleinigkeiten

Franz Varrentrapp

Versuch einer pragmatischen Geschichte
Von der merkwürdigen Zusammenkunft des deutschen Nationalgeistes und der politischen Kleinigkeiten

ISBN/EAN: 9783743613768

Hergestellt in Europa, USA, Kanada, Australien, Japan

Cover: Foto ©Suzi / pixelio.de

Manufactured and distributed by brebook publishing software
(www.brebook.com)

Franz Varrentrapp

Versuch einer pragmatischen Geschichte

Versuch

einer

pragmatischen Geschichte

von der

merkwürdigen Zusammenkunft

des teutschen Nationalgeistes

und der

politischen Kleinigkeiten

Auf dem Römer in Frankfurt,

nebst angehängten

Anmerkungen, Gegenanmerkungen

und Replicken,

sämtlich

den berühmten Nationalgeist

betreffend.

Die Geschichte wird mit Urkunden, von No. 1. bis 3.
einschließlich bestärket.

Das Bottenschild schützt nicht vorm Blitze,
Kein Crayß-Convent entscheid im Witze,
Und Herrenhut im Staatsrecht nicht.

༄༅༄༅༄༅༄༅༄༅

Frankfurt am Mayn,
bei Franz Varrentrapp,
1766.

Der Verleger an das geehrte Publicum.

Es wurden mir kurz vor verwichener Ostermesse Anmerkungen über eines Ungenannten Blätter vom Nationalgeiste der Teutschen zugestellet. So würdig ich solche auch meines Verlages achtete, sezte mich doch das gar zu kleine Volumen des Manuscripts in Verlegenheit, weil ich keine Schriften in Verlag zu nehmen pflege, die nicht wenigstens oder bey nähe ein halbes Alphabeth ausmachen. Ich bekame mehr Manuscript dazu; da ich aber aus der Verschiedenheit der Umstände, und aus den lateinischen Buchstaben auf verschiedene Verfasser schliessen mußte, liese ich die Anmerkungen die mit teutschen Buchstaben geschrieben waren, auch wohlbedächtlich mit teutschen Buchstaben den übrigen drei Abhandlungen beydrucken, welche durch die lateinische Buchstaben sich unterscheiden, und sämtlich unter der Aufschrift: Politische Kleinigkeiten, zum Vorschein kamen. Diese Anmerkungen zeichnen sich indessen als eine ganze und besondere Abhandlung aus; wurden aber wider Recht und Billigkeit besonders nachgedrucket, worüber ich mich bey hochlöblichem Magistrate allhier, wie die Beylage sub No. 1. mit mehrerem zu Tage leget, beschweren muste, auch gerechtes Gehör funde. Nach No. 2. und 3. erhielte Herr von Moser (mit welchem ich ganz und

gar nichts zu thun gehabt,) daß sämtliche Exemplarien des Nachdruckes Ihm überliefert werden
müssen. Aus No. 3. nehmlich dem Pro Memoria
gedachten Herrn von Mosers (mit welchem ich es
entweder gar nicht; oder doch nur in der Eigenschaft eines S. T. Verfassers des Nationalgeistes
zu thun habe) erhellet nun zur Gnüge, daß derselbe nicht nur als Hochfürstlich Hessen Casselischer
geheime Rath und bevollmächtigter Minister wider mich zu agiren, und eine hohe Heßische Haus-
oder Crayß-Sache aus diesem zwischen der Gar-
bischen Handlung und mir allein sich enthaltenden
Streitfalle zu machen gedenke; sondern auch Al-
lerhöchst Ihro Kaiserliche Majestät mit dieser nach
der Frankfurter Buchdruckerordnung allein zu
entscheidenden Sache zu behelligen drohe, gleich
als ob ich wissen können, oder es wahrscheinlich
wäre, daß gedachter Herr von Moser (denn in anderer Eigenschaft habe ich mit ihm nichts zu thun)
einen Allerhöchsten Beruff gehabt habe, einen solchen Nationalgeist zu schreiben. Der Herr von
Moser (für den ich übrigens alle Achtung hege)
will seinen gesäzwidrigen Nachdruck mit seinen
Gegenanmerkungen nach eigenem Gefallen in der
Welt verbreiten. Dieses ist mir nicht gleichgültig, und säume dahero ex jure talionis nicht, die Anmerkungen, mit denen Gegenanmerkungen samt der
Replik darauf dem fürtrefflichen Publico hier zusammen vorzulegen. Frankfurt, den 18 Oct. 1766.

Franz Varrentrapp.

-⚜ ❧ ⚛-

No. 1.

Extractus

Protocolli Audientiæ Confularis Senioris
de 3 Octobris 1766.

In Sachen

des Handelsmanns Franz Warrentrapp
contra
die Wittib Garbe oder Johann Wilhelm Gebhard.

Actum Frankfurt am Mayn Freytag vormittags den 3ten Oct. 1766.

Coram Domino Confule Seniore Domino Scabino Johann Carl von Fichard, Sacræ Cæf. Majeftatis Confiliario actuali, & Dominis Affefforibus Scabinis von Heyden, & von Olenfchlager.

Comparebat der hiefige Burger und Handelsmann Franz Warrentrapp und zeigte klagend an, daß er in erft abgewichener Meffe ein Buch, Nahmens Politifche Kleinigkeiten mit Darunterfetzung feines Nahmens gedruckt, und in denen Zeitungen bekannt gemacht, worinnen unter andern auch eine befondere Abhandlung unter dem Titul: Anmerkungen über den deutfchen Nationalgeift enthalten.

Nachdem nun die hiefige Buchhändlers Wittib Garbe, oder Nahmens deren Johann Wilhelm Gebhard eben diefe Anmerkungen nachgedruckt, folches aber §. 6. der hiefigen Buchdruckerordnung ausdrücklich verbotten, fo bäte er, gedachte Garbifche Wittib oder Gebhard anzuhalten, Ihm den gefammten Verlag ohner tgeltlich zuzuftellen, dagegen Er Ihm keine Schwierigkeit machen würde, die Gegenanmerkungen allein, ohne feinem Text, fo oft und viel zu drucken, als es Ihm beliebte.

Johann Wilhelm Gebhard excipiendo: Er habe von dem Warrentrappfchen Buch nichts gewußt, fondern der Herr geheime Rath von Mofer habe ihm etliche Blätter mit feinen Anmerkungen zum Verlag zugefchickt, den er auch bona fide beforgt. Habe Er nun darinnen ge=

fehlt, so müſſe er ſich obrigkeitlicher Verfügung unter-
werfen, dahingegen er ſich nach dem an den Herrn geheimen Rath von Moſer, der es ſo von ihm verlangt,
regreſſiren würde.

Herr Varrentrapp: ſein Buch ſeye in denen Zeitungen
bekannt gemacht worden, mithin wäre die Gebhardi-
ſche angebliche Ignorantia vincibilis geweſen.

Zudem hätte Beklagter auf ſeinen Nachdruck geſetzt,
daß es aus denen Politiſchen Kleinigkeiten genommen;
Allenfalls hätte Beklagtem freygeſtanden, den Herrn
von Moſer vorher zu befragen, woher er jenes Werk
genommen; Er repetirte alſo lediglich ſein in der Klag
enthaltenes petitum.

Gebhard repetirte ſimiliter priora.

Es wird Beklagter hiermit ſchuldig erkannt, den
geſammten Verlag des ohnerlaubten Nachdrucks
gewiſſenhaft ad audientiam zu liefern; und ſich alles Verkauffs deſſelben bey Vermeidung ſchärferer
Ahndung zu enthalten, dahingegen Ihm ohnbe-
nommen bleibt, ſich, an wen Er es befugt zu ſeyn
vermeint, zu regreſſiren.

Publicatum in continenti

In fidem

Johann Jacob Diſenbach

Act. juratus.

No. 2.

No. 2.

Pro Memoria.

Unterzeichneter Fürstl. Hessen = Casselischer geheimer Rath und bevollmächtigter Ministre hat mit Befremdung vernehmen müssen, daß des ältern Herrn Burgermeisters Hochwohlgebohrnen auf Anbringen des hiesigen Buchhändlers Herrn Varrentrapp, eine Schrift s. t. Anmerkungen über die Anmerkungen eines Ungenannten von dem teutschen Nationalgeist, confisciren und die bei dem Buchhändler Herrn Gebhard befindliche Exemplarien davon auf den Römer bringen lassen.

Unterzeichneter enthält sich in die Erörterung derer Gründe hinein zu gehen, welche beede Buchhändler hiebei gegen einander anzuführen haben möchten; Da aber von Herrn Gebhard bereits in der Gerichtsstube die Anzeige geschehen, daß Unterzeichneter der Verfasser jener Schrift seye, und sich selbiger nochmals andurch dazu bekennt, so kann und wird sich selbiger nicht gleichgültig seyn lassen, daß eine vor die Würde Kaiserl. Majestät und vor die Ehre der Gesetze gefertigte Schrift, deren Druck er veranstaltet, auf eine so wenig anständige Weise brevi manu confiscirt und hinweg genommen werde, und ersuchet daher ersagten Herrn Burgermeisters Hochwohlgebohrnen ergebenst, diese Exemplarien in seine eigene Gewahrsam zurück zu liefern, mit der Versicherung, daß solche in keinen hiesigen Buchladen abgegeben werden sollen, sondern subsignirter darüber nach Gutbefinden selbst disponiren wird. Im Entstehungs = Fall aber wird selbiger Kaiserl. Majestät von dem so eilfertigen und unfreundlichen Verfahren die ohngesäumte allerunterthänigste Anzeige thun, und behält sich zugleich die Genugthuung wegen dieser vorsetzlichen Beleidigung ausdrücklich bevor. Frankfurt, den 3ten Oct. 1766.

F. C. v. Moser.

No. 3.

※) o (※

No. 3.

Verlase man Protocollum Audientiæ Consularis Senió-
ris de 3 curr. ad Causam Varrentrapp contra Gebhard,
das Impressum: Anmerkungen über die Anmerkungen
eines Ungenannten vom deutschen Nationalgeiste, be=
treffend , ingleichen ein pro Memoria des Fürstl. Hes=
sen Casselischen geheimen Raths und Ministers, von Mo=
lers ad hanc causam.

Solle man die von dem Buchhändler Gebhard ein=
gelieferte Exemplaria des gedachten Impreß an den
Fürstl. Hessen Casselischen geheimen Rath und Mi=
nister Herrn von Moler aushändigen.

Decr. in Sen. Scab. d. 4 Octobr. 1766.

Vorbe=

Vorbericht
des Verfaſſers der Anmerkungen.

Ich mußte wagen, daß einige meiner Aufſätze, die nicht zum Drucke beſtimmet waren, in unrechte Hände gelangen mögten, und ließe mich daher bewegen, meine auf das beſcheidenſte verabfaßte Anmerkungen über den Nationalgeiſt der Teutſchen drucken zu laſſen. Wie böſe aber der Herr Verfaſſer des Textes darüber geworden, zeigen ſeine Gegenanmerkungen. Und er rühmet ſich eines reinen Eiffers, und er will fromm ſeyn? Tantæne ergo animis cœleſtibus iræ? Vom Nationalgeiſt ſelbſt ſagt dieſer Herr kein Wort: von Kaiſer und Ständen aber, von NB. Verfaſſungsmäßigen Religionsſpaltungen (gleich als ob nicht die Reichsgeſäze eine amicabilem compoſitionem zum Grunde legten, die alſo, obſchon kein Anſchein dazu da iſt, doch nicht als eine Chimäre zu betrachten.) Hiervon ſaget er viel, und erdichtet ſo gar wider den klaren Buchſtaben der Reichsgeſäze ein gedoppeltes Reich, wovon ſich kein vernünftiger Menſch einen Begriff machen kan, da keine Reichsgeſäze von Rechtmäßigen Anti-Cæſareis etwas enthalten, und obſchon die alte chriſtliche Religion des Reiches leyder! ſpaltig iſt; ſo werden doch die politiſchen Reichsangelegenheiten nicht ordentlicher Weiſe u. in der Regul ſchismatiſch hier bey einem ſo zu nennenden Corpore

Catholicorum; dort bey einem so zu nennenden Corpore Evangelicorum besonders behandelt, und ist es also eben so seltsam von einem Reichsgrund-verfassungsmäßigen doppelten Reiche zu reden, als von einem doppelten Reichshofrathe; doppelten Reichs-Cammergerichte. Will aber der Herr Verfasser des (ohne Ironie) recht betrübt so genannten Nationalgeistes der Teutschen von nur augenbliklichen Interessen reden: so hätte derselbe sich deutlicher erklären, und den Verdacht vermeiden sollen, als trüge er auf zweyen Achseln; mit einem Worte, derselbe hätte sich nicht einbilden sollen, daß er unter dem Schutze unbestimmter Redensarten, allerley, und zuweilen poßierlicher Einfalle; hauptsächlich aber unter dem Flügel einiger leibeigener Zeitungsschreiber, die ganze Welt zum Besten haben könne. In welche Verlegenheit aber dieser Schriftsteller seine Lobredner von Zeit zu Zeit versetze, ist daraus allein klar, daß sie, wenn sie nicht weiter können, zu guten Absichten, die sie ihm beymessen, ihre Zuflucht nehmen. Der geehrte Leser wird aus seinen Gegen-Anmerkungen mit Ueberzeugung ersehen, wes Geistes Kind dieser Mann sey, und auf welche boshafte Art er mich zu verschwärzen suche. Ich denke zu groß, um es so zu erwiedern, wie ich könte; aber endlich .... Dieses sey für diesmal für einen so indiscreten Gegner genug. Gegeben daselbst, wo mehr gegeben werden kan. Im Monat Oct. 1766.

Einige

Einige
Anmerkungen
über die Blätter
eines Ungenannten
vom
Deutschen Nationalgeiste.

* *
Aus den neuen politischen Kleinigkeiten.
* *

Wir sind ein Volk von einem Namen und Sprache: Wir haben niemals einerley Namen gehabt, der ein hinlängliches Zeichen unserer natürlichen, geographischen, genealogischen oder politi-

A

schen Einheit, um mich so auszudrücken,
gewesen wäre. (1) Unsere Nation erstre=
cket sich sehr weit. (2) Dänen und Schwe=
* * * * * * * * * * *

(1) Die Reichs=Geseze bezeichnen diese Einheit
mit dem Wort: Das Heil. Röm. Reich Teut=
scher Nation, oder auch kurzhin: Das Reich.
Auf den Landcharten, so wohl im Verlag der Ho=
männischen Erben zu Nürnberg, als der Königl.
Academie der Wissenschaften heißt es Deutsch=
land und dabey wird es vor der Hand wohl blei=
ben und wenigstens vor diejenige verständlich ge=
nug seyn, welche sich mehr um die Sachen, als
um die Grammatic der Worte, zu bekümmern
Ursache haben. (a)
(2) Die Eintheilung des Reichs in seine Cray=
se von K. Maximilians Zeiten her ist bekannt und
in politischem Sinn erstreckt sich unsere Nation so
weit, als diese nach ihren jezigen Gränzen und
Verfassung sich noch erstrecken. (b)

Neue Anmerkungen.

(a) Frankreich und Teutschland waren beysammen,
und damals also ein Reich; aber hier ist voneiner solchen
Einheit die Rede nicht; sondern von einer National=
Einheit. Die Curial=Wörter, oder das Axioma:
das H. R. Reich teutscher Nation haben einen ganz
andern Verstand. Mein Herr Gegner weiß es aber
wohl, und will es jezt nur nicht wissen. Otto Frisin=
gensis wußte es auch, gienge aber ganz aufrichtig damit
heraus. Exhinc *Regnum Romanorum* post Francos & Lan=
gobardos ad *Teutonicos translatum est.* Von einer Gram=
matik der Worte höre ich jezt zum erstenmale: denn
diese beziehet sich auf eine Grammatik der Gedanken.
Beyde sind mir unbekannt. Eine Grammatik der Wor=
te an sich, und eine Grammatik des Syntaxes würde
hieher auch nicht passen.
(b) Auf dem Böden, den wir Teutschland
nennen, nach seinen alten und neuen Grenzen betrach=

den gehören dazu; (3) Holländer desglei-
* * * * * * * * * * * * * *

(3) Ein feiner Schluß, weil in Dännemark und
Schweden, wenigstens in den Residenzen, deutsch
gesprochen und verstanden wird, deßwegen gehören diese Reiche zu unserer Nation. Wenn dieses durch ein eigenes Geständniß dieser Völker be-
wahrheitet werden könnte, so verdiente der Herr
Verfasser der Anmerkungen mehr, als irgend ein
Deutscher Kayser, den Ehren-Nahmen eines
Mehrers des Reichs: (c)

Neue Anmerkungen.

tet, waren verschiedene Völker zur Zeit der Römer,
die sich auch mit einander verbanden; aber ein anders ist
Natio; ein anders Gens. Ita Nationis nomen, non Gen-
tis, euuluisse paullatim. Kein Grund aber einer Verbindlichkeit zu einem gemeinschaftlichen Interesse ist daher
zu leiten; wohl aber anderwärtsher, und davon ist
die Rede. Die Eintheilung des Reiches in Craysse hat
die Handhabung des Landfriedens zur Hauptabsicht; a-
ber es folget daraus kein Schluß auf eine National-
Einheit. Unser Boden könnte sich unter Teutsche,
Franzosen, Welsche und Spanier theilen; diese sich
mit einander verbinden, und Craysverfassungen errich-
tet werden; folgte daraus eine National-Einheit? Im
politischen Sinne allein kan die Sache nicht genommen werden, oder die ganze Einrichtung des gegneri-
schen Werkes müßte nebst dem Titel anders beschaffen
seyn. Schreibet denn der Herr Ungenannte von einem teutschen Craysgeiste? Aber auch in politischen Sinne verhält sich die Sache anders. Eine Nation kan sich theilen, und mehrere von einander unabhängige Reiche
gründen; ändert dieses die Sache? Ist der König von
Spanien kein Bourbon mehr? Sind jene teutsche-
Emigranten nunmehr Russen? Soll der Nationalgeist
ex actis publicis eruiret werden? Wer davon schreiben
will, muß die ganze Moralphilosophie wohl inne
haben.

(e) Eine feine Verdrehung. Wo habe ich
denn so geschlossen? Ist denn die Dänisch und Schwe-

chen; Cur, Lief, und Esthländer in so fer-
ne; Schlesier, so weit sie nicht zu den Pohlen gerechnet werden können; die Schweizer unstrittig, (4) anderer Betrachtungen
* * * * * * * * * * * * * *

(4) Zur Sprache, aber nimmermehr zur Nation. Die Eydgenossen machen eine eigene souve-
raine und mit uns nur zu guter Freund = und
Nachbarschaft, nicht aber zu gemeinsamen Na-
tional = Rechten und Pflichten verbündete Völker-
schaft aus. Das J. P. O. Art. VI. erkläret sie
feyerlich in possessione vel quasi *plenas liberta-
tis & exemptionis ab Imperio* esse ac nullatenus
ejusdem Imperii dicasteriis & judiciis subjectos.
Wann es nun gegen die erste Begriffe angeht,
ein Volk zu einer Nation rechnen zu wollen, das
deren Gesetze, Verfassung und Gerichtsstand nicht
mehr anerkennt, sondern davon durch solenne Be-
känntnisse losgesprochen ist, so wird, zu Ehren
des Westphälischen Friedens, das unstrittig wohl
eine Aenderung bedürfen. (d)

Neue Anmerkungen.

dische Sprache nicht ursprünglich teutscher Mundart?
Wer mögen doch wohl die Cimbrier? wer die Teutonen, gewesen seyn? Zu Leipzig im Gleditschen Verla-
ge soll sich eine gewisse Notitia orbis antiqui, und in diesem Werke p. 358. eine Charte von einer Germania an-
tiqua finden. Wenn ein gewisser grosser teutscher Staat
sich vom Reiche losrisse; hörten seine Bürger alsdenn
auf, zur teutschen Nation zugehören?
(d) Wenn die Russen teutsch reden lernten, und nach
und nach ihre Sprache vergäßen: so würden sie zur
Sprache; aber nicht zur Nation gehören. Ganz anders verhält es sich, wenn würkliche oder wahre Teutsche von den übrigen sich politisch trennen. Alsdenn
gehören sie doch noch immer zur Nation, wie zur Sprache. Die verschiedenen von einander unabhängigen

zu geschweigen, die sehr weit gehen können.
Die alten Celten, waren die von den Rö-
mern auch sogenannte Gallier. Alles über
den Rhein hieße das Barbaricum (i. e. so-
lum) oder Germania magna. Die Namen waren ausnehmend verschieden, welche
diesen Völkern beygeleget wurden. Zuerst
hießen sie Germani, d. i. Kriegs- oder
Wehrmänner, und Tacitus nennt es ein
Vocabulum recens & nuper additum, und
viel später hießen sie Teutonen, auch noch
ist es nicht ausgemacht, daß unter diesem
Namen alle ehemals deutsche Völker begriffen worden seyen. Wir sind also ursprünglich (5) nicht ein Volk von einem Namen

* * * * * * * * * * * * * *

(5) Das kan gar wohl seyn, es war von uns
jeztlebenden, die wir alle wissen, daß wir Deut-

Neue Anmerkungen.

Völker Teutschlandes faßten die Römer in den Begriff
einer Nation zusammen, und da das Wort: Nation,
lateinischen Ursprungs ist, wird es Tacitus wohl besser
verstanden haben, als mein hochgelehrter Herr Gegner.
Warum sollen die Schweizer, weil sie unsern Gerichtsstand nicht mehr anerkennen, nicht einmal zu-
unserer Nation mehr gehören, da so gar ein ganzer
Reichs-Crayß, nehmlich der Burgundische, wenigstens
seit 1548. den Reichsgerichtsstand nicht mehr anerken-
net? Denn die Niederburgundischen Erblande sind, ausser dem Nexu matriculari, (in welchem, die Sache an
sich genommen, die Schweizer, ihrer Staatsunabhän-
gigkeit unbeschadet, sich auch befinden könten) von des
Reichs-Jurisdiction frey, und an des Reichsordnun-
gen und Sazungen nicht gebunden.

A 3

und Sprache; man müßte es denn sehr weit
herholen, und dann könte man auch die grie-
chische und deutsche Sprache im Grunde für
einerley halten.

**Unter einem gemeinsamen Ober-
haupte:** Reden denn aber die Schweizer
nicht auch deutsch? sind sie aber mit uns
unter einem Oberhaupte vereinigt? Entweder muß also der von Name und Sprache;
oder der von einem gemeinsamen Oberhaupte hergenommene Grund wegfallen. (6)

* * * * * * * * * * * * * *

sche sind, und nicht von den Stamm-Eltern unserer Ur-Großväter die Rede. (e)

(6) Reden die Deutsche nicht auch französisch?
sind sie deswegen Franzosen? und wem wird ein-
fallen, solche Schlüsse und Folgerungen zu machen? (f)

Neue Anmerkungen.

(e) Es lauffet wider alle Begriffe, von einem
teutschen Nationalgeiste schreiben zu wollen, ohne den
Ursprung der Teutschen, und ihre alte Sitten mit in
Betrachtung zu ziehen. Es komt auch allenfalls nicht
allein darauf an, wovon der Herr Verfasser nach seiner
Gemächlichkeit reden wollen; sondern unmaßgeblich
wovon er reden sollen. Es giebt kein jetztlebender
Nationalgeist, oder kein Nationalgeist jetzt lebender
Teutschen; sondern man fraget: wie verhalten sich die
jetztlebenden Teutschen gegen den Teutschen, d. i. alten, ursprünglichen, Nationalgeist? Haben wir uns ge-
bessert? Sind wir schlimmer geworden? Diese Fragen
zu beantworten, muß der alte teutsche Nationalgeist
genau bestimmet werden?

(f) Diese Antwort des Herrn Gegners hat
gar keinen Verstand; oder er widerlegt sich selbst.

Unter einerley Gesäzen: Keineswe-
ges, (7) man müßte denn Gesäze darunter
verstehen, die wir mit allen Völkern in der
* * * * *. * * * * * * * *

(7) Allerdings; so weit wir als Ein Volk in
seiner politischen Verbindung und Verhältniß gegen das Oberhaupt und der Glieder gegen dassel-
be und unter einander zu betrachten sind; selbst
den deutschen Unterthanen nicht ausgeschlossen.
Diese Reichsgesäze, Abschiede und Schlüsse,
sind nach der neuesten Ausgabe An. 1747. unter
Kayserlichem Privilegio, zu Frankfurt am Mayn
in vier Folio-Bänden zusammen gedruckt und
an deren Authenticität sowohl, als allgemeinen Verbindlichkeit noch zur Zeit von keinem
Stand des Reichs gezweifelt worden. Von diesen das Ganze betreffenden Gesetzen war allein
die Rede, und nicht von Proceß-Policey- und
Kirchen-Ordnungen einzeler Provinzien. Die
Gesetze, die alle Völker in der Welt mit einander
gemein haben sollen, sind wenigstens in der deutschen Uebersezung noch nicht bekannt. (g)

Neue Anmerkungen.

(g) Der Herr Gegner hat vollkommen Recht, daß
die Reichsabschiede und Schlüsse allgemein verbindlich
seyen. Diese Gesetze betreffen auch das Ganze, eben
so, wie die Cammerzieler, und Römermonate das
Ganze betreffen. Aber sie bestimmen in Absicht auf
den Nationalgeist eben so viel, als die Cammerzieler
und Römermonate. Die Gesetze, die alle Völker mit
einander gemein haben, sind wenigstens in dem Com-
pendio zu lesen, welches des Herrn Gegners Herr
Schwager in Göttingen herausgegeben. Eine teutsche
Uebersetzung davon fehlt freylich noch. Lebten wir nach
einerley Nationalgesetzen: so müßte unsere natürliche
Freyheit durch ganz Teutschland gleiche Schranken
haben. Zu einem mehrern ist der Raum zu enge.

Welt gemein hätten. Auch in Ansehung der Staatsverfassung (8) verhält es sich anders mit den Churfürsten; anders mit den Fürsten, und anders mit den Grafen, und wieder anders mit den Reichsstädten, deren Nexus impar cum Imperio nur gar zu deutlich in die Augen fällt.

Zu einem Interesse der Freyheit verbunden: Was für eine Freyheit wird hier verstanden? (9) und wer ist der Feind dieser Freyheit? (10) Das Interesse einer
* * * * * * * * * * * * *

(8) Die Staatsverfassung schließt die Gesetze nicht aus, sie ist ihnen vielmehr subordinirt. (h)

(9) Die deutsche Freyheit. (i)

(10) Ein jeder, in mehrerm oder minderm Grad, der wider die unsere Freyheit begründende und erhaltende Reichsgesetze handelt. (k)

Neue Anmerkungen.

(h) Eine neue Entdeckung! Was wird der bewußte noch etwas davon sagen. Die Staatsverfassung ist den Gesetzen subordinirt? Ja, so, wie die Mütter zeugen, und die Väter gebähren. Vor diesem waren die Gesetze der Staatsverfassung, und nicht die Staatsverfassung den Gesetzen subordiniret. Nach Verschiedenheit der Staatsverfassung verhält es sich mit der Potestate leg-slatoria, und folglich den daraus fliessenden Gesetzen. Wie reimet sich aber die Anmerkung des Herrn Gegners auf den Text.

(i) So! die teutsche Freyheit; la liberté germanique oft une liberté chimerique. Auf eine solche Antwort gehöret eine solche Replik.

(k) Eine der allerseltsamsten Antworten. Sünden werden ja alle Augenblicke Millionenweise begangen, und der allereifrigste teutsche Patriote kan Sünden wider die teutsche Freyheit begeben, ohne ein Feind der-

inneren ächten bürgerlichen Freyheit haben
wir mit allen Völkern gemein; zur Zeit der
Römer aber hatten wir eine Freyheit wider
dieſelbe, nehmlich die Römer zu verfechten,
und ein gemeines Intereſſe der Freyheit kon-
te uns damals verbinden.

National-Verſammlung: Davon
weis kein Menſch etwas, (11) und den Re-
genſpurger Reichstag hat auch kein Menſch
noch eine deutſche National-Verſammlung
genennet. (12)   Um es nur kurz zu faſſen,
* * * * * * * * * * *.* *

(11) Wo haben Sie ihr Staatsrecht erlernt?
in Schottland oder in Deutſchland. (l)

(12) Eine Verſammlung, worauf die Häupter
eines Volks entweder in Perſon, oder durch ihre
Gewalthaber, zu Berathung und Beſchließung
der gemeinſamen Bedürfniſſe und Angelegenhei=
ten ſich beyſammen befinden, heißt eine National-Verſammlung. Weil nun das Heil. Röm.
Reich deutſcher Nation, wie es in der Sprache
der Geſeze genannt wird, unter ſeinem allerhöchſten Oberhaupt auf gleiche Weiſe und in gleicher
Abſicht (wo nicht der Erfüllung, doch der Be-
ſtimmung nach) beyſammen iſt, ſo verdienet der

Neue Anmerkungen.

ſelben zu ſeyn. Wenn aber ein vernünftiger Menſch
an dem Orte, wo es geſchehen, fraget: wer iſt der
Feind der teutſchen Freyheit? So bekümmert er ſich
natürlich nicht um die Französiſchen und teutſchen Mau-
berts; ſondern entweder um auswärtige Mächte, oder
Próceres Imperii.

(l) Mein Staatsrecht habe in Schottland erlernet.

A 5

gehörten die Schweizer allerwenigstens mit
zu dieser National-Versammlung, wenn
* * * * * * * * * * * * * *
Reichstag in diesem Betracht den Nahmen einer
National-Versammlung. Wer sie zuerst so genannt, ist einerley, genug, sie ists und ist noch
mehr eine Reichs- oder National-Versammlung,
als nur ein Reichstag, nachdem man schon über
hundert Jahre beysammen ist. Daß aber deutsches Reich und deutsche Nation eine gleichgel-
tende Bedeutung habe, kan Ihnen jeder sagen,
der auch nur acht Tage auf dem Reichs-Convent
gewesen ist. (m)

Neue Anmerkungen.

(m) Die Häupter eines Volks. Ich dachte, es wäre
nur ein Haupt dieses einen Völkes. Hier kommen nun
auf einmal Häupter zum Vorschein, und nur ein Leib.
Es war einmal ein gewisser Kayser; der hieße Max
oder Maximilian. Der böse Feind führte einen Türken auf den Reichstag, und der hieße Ibrahim, und,
war gar ein Bassa; aber kein leibeigener Janitschar:
Denn bey meinem Herrn Gegner sind die Janitscharen noch unter den teutschen Leibeigenen. Dieser Ibrai-
mus Bassa redete unverschämtes Zeug, und ein kleiner Na-
tionalgeistschreiber, Namens Forstner ad Tacitum (denn
das ist sein Geschlechtsname) hatte die Verwegenheit,
es nachzuschreiben, daß Teutschland ein Thier mit vielen Köpfen und vielen Schwänzen sey. Als Christen
müssen wir die Köpfe oder die Schwänze weglassen.
Ich glaube nur einen Kopf, und nur einen Leib. Der
Reichstag kan und wird übrigens in hohen Ehren bleiben, wenn er gleich keine Nationalversammlung jemals
geheissen hat. Wer ist denn nomine Mediatorum dabey? Derselben Landesherren etwa? Aber in welcher Eigenschaft, als Landesherren, oder Häupter besonderer
Nationen? Als Landesherren? So votiren Sie also nomine subditorum; ein neues Staatsrecht. Als Häupter besonderer Nationen? Da müßten solche öffentliche
Zusammenkünfte noch gehalten werden, oder beschaffen

es nehmlich eine National-Versammlung
wäre. (13)

* * * * * * * * * * * *

(13) Wie gesagt, bereden sie die Schweizer
nur erst, daß sie noch zur deutschen Nation gehören, weil sie deutsch und noch dazu ursprünglich
deutsch reden, mit dem Reichs-Convent wird sichs
alsdenn schon selbst geben. Nach denen Verhand-
lungen des Reichs-Convents mit der Eidgenossen-
schaft An. 1701. und 1702. und nach den damali-
gen Negotiationen des Grafen von Trautmannsdorf zu urtheilen, ist dazu noch keine Hoffnung
vorhanden. (n)

Neue Anmerkungen.

seyn, wie zu den Zeiten des Tacitus. Ein Reichstag
kan auch so lange währen, als die Welt stehet, und
ist deswegen doch nur ein Reichstag. Eine National-
Versammlung hingegen kan nur kurze Zeit dauren;
jährlich aber wieder auf demselben Theater erscheinen.
Von einer National-Versammlung können, wie gesagt, keine so genannte Unterthanen ausgeschlossen werden. In Großbrittannien, Schottland also, wo ich
mein Staatsrecht gelernet, mit einbegriffen, und
Schweden finden sich wahre Nationalversammlungen
in sensu strictiori; hier ist aber NB. von einem Natio-
nal-und keinem besondern teutschen Reichs- oder
Creyßg iste die Rede. Man habe so viel Achtung für
das Publicum, solches nicht zum Besten haben zu wollen. Man sey so gütig, nicht so groß zu sprechen, wenn
man die gemeinsten Begriffe nicht einmal aus einander
zu setzen weiß. Wenn sie nur acht Tage auf dem Reichs-
convent gewesen; müssen Sie so gerecht seyn, es nicht
gleich auf meine Rechnung zu schreiben. Der Begriff
von einem teutschen Reiche enthält freylich einen Theil
des Begriffs von einer teutschen Nation in sich; aber
nicht den Ganzen, und in der Sprache der Reichsgesetze helfet es deutlicher; das Römische Reich, besonders teutscher Nation, auf die jenes gelanget.

(n) Das ist bald gesagt, daß ich die Schwei-

Das erste Reich in Europa:
Nach unserer Verfassung haben wir höch-
stens vor Pohlen und Schweden einige
Vorzüge. Wir sind auch sonst nicht viel
bevölkerter, als Frankreich, und kein Monarch würde jemals aus Deutschland so viel
Einkünfte ziehen, als Frankreich seinem Kö-

* * * * * * * * * * * * * *

Neue Anmerkungen.

zer bereden solle. Die Sache war gut eingeleitet; allein der Herr Verfasser vom Nationalgeiste hat mir alles verdorben. In der Schweiz zeugen die Väter, und
die Mütter gebähren. Bey uns ist es umgewendet, und
das ist keine Sache für die männlichen Schweizer. Wer
hat sie übrigens auf dem Reichs-Convente haben wollen, oder wo habe ich sie dahin beruffen? Ich habe nur
gesagt, sie gehörten ex hypothesi dahin. Der Herr Gegner hat übrigens einen Theil seiner überwiegenden Gelehrsamkeit hier anbringen wollen, da er der Trautmanns-
dorfischen Negotiation gedenket. Aber käme es auf einen Versuch nur an? Ist es mit der Association der vor-
dern Reichs Crayße so geschwind und auf einmal gegangen? Ist der Franz Ehrenreich, Graf Trautmannsdorf,
Kayserlicher Gesandter in der Schweiz, nicht etwa Ao.
1706. gestorben? Waren die wenigen Jahre hinreichend,
ein solches Werk zu Stand zu bringen? waren übrigens
nicht zu Goldasts Zeiten die Schweizer noch der Meinung, der Kayser sey ihr natürlicher Herr? zu unserer
Nation mußten sie sich also doch noch rechnen. Was
will endlich hier damit gesagt werden? Nicht mehr, als
wenn ich den Burgundischen Crayß wieder in eine Vergleichung seze. Wurden nicht Ao. 1550. die Pacta Bur-
gundiaca in dem Fürstenrathe für nichtig gehalten? Ka-
me bey der Cammer zu Speyer nicht vor, aus diesem
Grunde ein Mandat gegen den König von Spanien,
als Herzogen von Burgund, in gemeiner Form zu erkennen? Ist aber nicht alles hier, wie dort, geblieben,
wie es war? Ich mache diese Anmerkung blos, um das
Gleichgewicht in der gelehrten Welt zu erhalten.

nige jährlich giebt. Unter einem Haupte, wie Frankreich, würden wir auch nicht mächtiger, als Frankreich ſeyn, als etwa zufälliger Weiſe. Von der öſterreichiſchen Macht ſind Königreiche und andere Staaten abzuziehen; von der Chur-Brandenburgiſchen Preuſſen (das wenigſte) und Schleſien; die engliſchen Subſidien dürfen auch nicht mit gerechnet werden. Die wenigſten der übrigen Reichsſtände ſind auch im Stande, ihre Truppen im Felde zu erhalten, und vor einer Reichsarmee iſt die Furcht auch niemals gros geweſen. (14)

* * * * * * * * * * * * * *

(14) Dieſe ganze Stelle iſt ein locus communis, wie aus einem nachgeſchriebenen Collegio, und paßt ganz und gar nicht zu dem, worauf es eine Antwort ſeyn ſolle. Von allen Cronen und Mächten Europens iſt der Kayſer als das erſte, gecrönte Haupt in der Chriſtenheit feyerlich prädicirt und in Friedensſchlüſſen und andern mit auswärtigen Völkern gemeinſam errichteten Urkunden dem Kayſer und Reich der Rang vor allen andern Souverains und Mächten gelaſſen worden. So iſt es noch und hiezu thut nichts, wie viel oder wenig Revenües der König in Frankreich von ſeinen Unterthanen erhebe. (o)

Neue Anmerkungen.

(o) Wenn der Herr Verfaſſer des Nationalgeiſtes wider ſeine eigne klare Textes-Worte oder deren Zuſammenhang, mit gutem Gewiſſen behaupten kan, daß derſelbe nur vom Range des Römiſchen Reiches geredet habe; ſo hat derſelbe Recht.

Räthſel politiſcher Verfaſſung: Unſere Verfaſſung iſt eine dem Syſteme Europäiſcher Staaten, bisher nothwendig erachtete Temperatur: das iſt das ganze Räthſel. (15)

Raub der Nachbarn: Wir grenzen noch an das Meer; Wir haben noch den Rhein und die Donau, und mit einem Worte, unſere natürliche Grenzen. (16)
* * * * * * * * * * * * * * *

(15) Was vor ens rationis iſt das Syſtem Europäiſcher Staaten? Worinne beſteht ihre Temperatur? Wann und von wem iſt ſie nothwendig erachtet, und wann und von wem iſt ſie feſtgeſtellet worden? Erklären ſie dieſes doch auch noch, weil Sie ſo glücklich im Auflöſen ſind. (p)

(16) Groß-Brittannien und jede andere Inſel kan von natürlichen Gränzen ſprechen; die Gränzen eines Reichs aber nach ſeinen Flüſſen abzirkeln und diß noch dazu der Natur auf die Rechnung ſetzen, in Wahrheit, diß iſt noch mehr als nur ein Druckfehler. Der Churfürſt zu Maynz und zu Pfalz, ſo viele andere Fürſt- und Gräfliche Häuſer über den Rhein werden ſich vor dieſe neue Geographie höchſtens bedanken. (q)

Neue Anmerkungen.

(p) Ein jeder Anfänger in der Politik mag dieſes beantworten

(q) Es iſt lächerlich, daß nur die Inſeln ihre natürliche Grenzen hätten. Die Flüſſe beſtimmen ſie auch nicht nothwendig; aber hier verdienten ſie, als alte Grenzen, mit angeführet zu werden. Die Inſel Großbritannien wird ſich bedanken, die Colonien in America zu verliehren, und die überm Rheine werden ihr Pat=

Das Ueberflüßige nur ist uns abgenommen
worden, (17) und darinnen haben wir, nebst
allen andern Europäischen Mächten, vielleicht gefehlet, (18) daß wir nicht aus dem
Elsasse, und andern Landen über dem Rhein,
einen besondern Staat gemacht haben, der
unser natürlicher Alliirter gewesen, und geblieben seyn würde. Elsaß hätte füglich den
XIV. Canton der verbundenen Schweiz
abgeben können; die Eidsgenossenschaft war
auch mehr als geneigt dazu. (19)

* * * * * * * * * * * * *

(17) So leichtsinnig hat noch kein deutscher
Mann von den Unglücksfällen seines Vaterlands
geurtheilt. (r)

(18) Welcher Schade vor alle Europäische
Mächten, daß ihnen dieser Fehler nicht eher gezeiget worden. (s)

(19) Nur Einen Beweis davon, er muß aber
aus Acten, und nicht bloß aus einem Gesezbuch aller Völker seyn. (t)

Neue Anmerkungen.

ticular-Interesse billig wahren; die Rede war von vergangenen Dingen. Tertiò Imperator pro se, totaque
sereniſſima Domo Auſtriaca, itemque Imperium, cedunt
omnibus juribus - Landgraviatum superioris & inferioris
Aſatiæ &c.

(r) Ich beweine besonders den Verlust von
Dännemark, Liefland (welchem das H. R. Reich so rit-
terlich beystunde), und was mich am meisten kränket,
und ich würde leichtsinnig von den Unglücksfällen meines
Vaterlands urtheilen, wenn ich es verschwiege und was ist
es? Dieses ist der Verlust des Fürstenthums Oranien.

(s) Es giebt gewisse Einfälle, die passen auf alles;
und auf diese antwortet man nicht.

(t) Eines andern Unwissenheit verbindet in ge-

**Eiferſüchtig gegen unſer Ober-
haupt:** Gegen das ens morale, welches
der Kayſer heißt, (20) können wir nicht eiferſüchtig ſeyn, da wir ja ſolchen ſeit faſt
tauſend Jahren verehren, und reſpective
wählen. Das Perſonale dieſes oder jenen
Kayſers aber hat zu Zeiten den Ständen
misfallen können.

Die Mutter, die uns gezeugt hat:
In Deutſchland zeugen die Mütter nicht,
ſie

* * * * * * * * * * * * * * * *

(20) Von der geringſten Obrigkeitlichen Perſon
ſpricht und ſchreibt mannicht mit dem geringſchäzi-
gen Ausdruck eines bloſen Entis moralis, als ſich
hier gegen die Würde und Majeſtät des höch-
ſten Reichs Oberhauptes vermeſſen herausgenom-
men wird. (u)

Neue Anmerkungen.

gelehrten Sachen niemand zu einem Beweiſſe, es for-
dere ihn denn der Schüler von ſeinem Lehrer.
(v) Boshaft genug iſt dieſe Anmerkung. Es iſt ein
verächtliches argumentum ab invidia ductum. Gott
ſelbſt wird ſo wohl moraliter, als individualiter betrachtet Der Kayſer, als ein ens morale betrachtet, iſt nicht
der jezt lebende, noch einer der Allerhöchſten Vorfahren;
ſondern das möglich Subject; der Vir bonus juſtus &
utilis, der Kayſer werden kan, wo aber in Anſehung
der Würklichkeit noch nichts entſchieden iſt. Die Stände ſind nicht eiferſüchtig, daß die Grundverfaſſung des
Reiches eine jedesmalige Kayſerwahl erfordert; davon
nur iſt die Rede; davon nur, daß der Herr Verfaſſer nichts
geſagt habe, indem er gleichwohl etwas ſagen wollen.

sie gebähren; wird also ein Druckfehler seyn. (21)

Der Ehrlichkeit: Die Ehrlichkeit wird niemand den alten Deutschen absprechen; wir sind auch noch jetzt ehrliche Leute; (22) aber einen National-Zug daraus zu machen, (23) dazu gehören ganz andere Begriffe.

* * * * * * * * * * * * * * *

(21) Das deutsche Vaterland zeugt seine Söhne selbst; vielleicht wirds durch ein künftiges Conclusum anders verordnet. (x)

(22) Ohne allen Zweifel, die Reichs-Hofraths-Conclusa und Sententiæ Camerales geben alle Jahr den mehr als hundertfältigen Beweis davon. (y)

(23) Wenn Sie einmal Zeit und Willen haben werden, die Acta publica zu lesen, welche viele alte politische Kleinigkeiten enthalten, so werden Sie finden, daß das Oberhaupt des Reichs, das versammlete Reich selbst, und dessen ansehnlichste Glieder diese Ehrlichkeit in öffentlichen und häufigen Zeugnissen als einen National-Zug prädicirt und gegen andere Völker darauf stolzieret haben. (z)

Neue Anmerkungen.

(x) Das Conclusum wird erwartet; aber wie, wenn die Vollstreckung der neuen Zeugungsart dem Herrn Gegner aufgetragen würde?

(y) So sind also die Reichshofrathsconclusa und Sententiæ camerales ungerecht? denn wären sie gerecht: so bewiessen sie, daß Teutschland seine vorige Ehrlichkeit noch habe.

(z) Daß der Kayser Friedrich III. und der ehrliche Caspar von Schlick dieses nicht gewußt haben! dieser beklagte sich über den Mangel der Ehrlichkeit, und wolte eine Einöde suchen, wo NB. keine Häuchler wären.

B

Fehle r einer Verfaſſung: Die Fehler der Verfaſſung, wo die Schuld.auf die
Menſchlichkeit, veränderliche Zeitläufte u.
ſ. w. fällt, haben wir mit allen Völkern der
Erde gemein; (24)

* * * * * * * * * * * *

(24) Von dieſen allein iſt die Rede nicht; alle
Krankheiten haben ihren Grund in der Beſchaf-
fenheit des menſchlichen Cörpers, daraus folgt
aber nicht, daß ein Menſch nothwendig alle oder
die mehreſte Krankheiten haben müſſe, ſo lange
die Möglichkeit vor Augen liegt, viele derſelben
blos durch ſein eigenes Betragen vermeiden zu können. (a)

Neue Anmerkungen.

Der Kayſer verwieſſe ihn nach dem Eismeere. Wer
hat indeſſen geläugnet, daß ſich niemals von Kayſer
und Reichswegen auf die alte teutſche Treue und Red-
lichkeit beruffen worden ſey? Dieſes beweißt aber e-
ben ſo wenig, was hier zu beweiſſen iſt, als man ſonſt auch
gar leicht aus Actis publicis die Exiſtenz Gottes, und
eines Allerheiligſten Menſchen erweiſſen könte (vid.
Rheiniſche Churverein de 1519.) die Königin Eliſabeth
ſprache nomine publico von gleicher Ehrlichkeit; ur Hol-
ländiſchen Geſandſchaft: Nihil ſibi antiquius eſſe, quam
fidem cum honore conjunctam & Principe dignam tueri.
Die Ehrlichkeit ſoll aber ein teutſcher Nationalzug ſeyn;
aber wer von unſern Nationalgeiſte ſchreibet, muß moraliſche Begriffe damit verbinden, alles gehörig beſtimmen, und keine Curialien aufklauben. Wo denjenigen,
die in den Reichsgeſäzen ſprechen, unbeſtimmte Ausdrücke erlaubet ſind, ſind ſie deswegen meinem Herrn
Ungenanten noch lange nicht erlaubt.
(a) Es iſt allemal die Rede vom Nationalgeiſt.
Der Herr Gegner kan ſonſt viel ſchönes, nüzliches und
folglich auch brauchbares ſagen; aber es bleibet allemal
die Rede vom Nationalgeiſte.

Freunds des Vaterlands: Nicht einmal in Athen, und nicht in Rom war es erlaubet, ohne Einſchränkungen und Bedingungen von Abſchaffung alter, und Einführung neuer Geſäze Vorträge zu thun. (25) Was ſind wir mittelbare Deutſche gegen die Athenienſer und Römer? Unſere Landesherren ſelbſt dürfen ſich dieſe Freyheit nicht ſo ſchlechtweg heraus nehmen; die Propoſition gebühret dem Kayſer allein,

* * * * * * * * * * * * * *

(25) Vorträge und Vorſchläge ſind zweyerley. Leztere ſtehen in einem freyen Staat jedem wohlgeſinnten Bürger frey, ſelbſt in einer abſoluten Monarchie. Zum Beweis dienen die Schriften des Herrn von Mirabeau, des Abts von St. Pierre, les veritables Interets de la Patrie &c. und insgemein iſt eine Nation ſo erleuchtet und billig, um die redliche Bemühungen ihres Mitbürgers nicht zu mißkennen. Den Vorſchlag aber in einen Vortrag zu verwandeln, ſteht der geſezgebenden Macht in einem Staat und denen dazu verordneten Männern zu. (b)

Neue Anmerkungen.
(b) Dieſes iſt mir zu doch: denn ich habe nicht geglaubet, daß von Projectenmachern die Rede ſey. Die Anführungen eines Herrn von Mirabeau, auch ſelbſt eines Abtes von St. Peter ſind nicht adäquat. Ein anders iſt, in einem Buche ſeine Gedanken eröffnen, wie man (ohne Verlezung der Beſcheidenheit) kan und will; ein anders iſt, ſeine auch noch ſo gut gemeinten Vorſchläge der Obrigkeit übergeben, oder Vorſchläge zu thun, die legaliſiret werden: dieſes alles hat ſchon mehr auf ſich, ſolte es auch gleich in Geſtalt einer Neujahrs Gratulation an das hohe Reichs-Convent geſchehen.

und cæteris paribus dem Chur-Maynzi-
schen Directorio. Die Freyheit, über solche Sachen zu schreiben, ist in den Wahl-Ca-
pitulationen auch eingeschränket. (26)

Sind unsere Zeiten ꝛc. Ich will
nicht sagen, daß dieses loci communes sey-
en, obschon alles auf jedermänniglich bekannte Unordnungen, und Misbräuche
hinaus lauffet; weit aber ist es gefehlet, (27)
daß solches nur das mindeste mit unserm sogenannten Nationalgeiste gemein haben
sollte.

Es fehlt uns überall: Wo ist denn
das uns überall fehlende, welches bey andern Nationen nicht auch fehlte, und folg-

* * * * * * * * * * * * * *

(26) In der Wahl-Capitulation ist nur eine
einige Stelle, so auf die Streitschriften in Re-
ligionssachen geht. (c)
(27) Es muß doch wohl so seyn, weil es die-
selbst eingestanden haben, welche darinn zu sprechen, zu rathen und zu helfen das Recht, die
Macht und die Ehre haben. Diß ist das ganze
Räthsel. Wenn Sie können, lösen Sie es auf. (d)

Neue Anmerkungen.

(c) Ich bin für diese Nachricht verbunden; sie ist
wichtig.
(d) Um Geschwäze bekümmere ich mich nicht, und
Räthsel solcher Art löse ich nicht auf. Zuletzt lauffet es
doch auf die Logik hinaus, und darinnen hat selbst kein
Monarch etwas zu sagen.

ſich characteriſtiſche deutſche Gebrechen
ausmachte? (28)

So würden es andere thun;
Wer ſoll denn für uns bekennen? In ſenſu
Juris criminalis wird es doch nicht genom-
men werden wollen. Wer könnte auch im
Namen der Nation ein ſolches Bekänntniß
ablegen, (wenn man die Sache im andern
Sinne nehmen wolle) als die ſo genannte
National‐Verſammlung zu Regenſpurg?
Dieſe könte freylich den auswärtigen Ge-
ſandten ein ſolches wohl verinſtrumentirtes
Bekänntnis aus Vorſorge inſinuiren laſ-
ſen, damit ſolche nicht auf den Einfall gera-
then mögten, für Deutſchland ein ſolches
Bekänntnis abzulegen. (29)

* * * * * * * * * * *

(28) So tröſtet man Kranke in einem Feld-
Lazareth, ſo obenhin ſpricht aber kein weiſer
Mann, kein verſtändiger Arzt, kein Freund ſei-
nes eigenen Vaterlands. (e)

(29) Diß iſt ſchon geſchehen, gegen unſern
Dank und Willen, zu unſern geringen Ehren.
Lehnen Sie irgendwo Fabers Staats‐Cantzley
oder die Memoires de Lamberty und leſen darinn
nur von dem Anfang des jezigen Jahrhunderts
die Elegantien, welche die Engliſche und Hollän-
diſche Geſandte dem Reichstag über unſere Zwiſ-

Neue Anmerkungen.

(e) Es iſt allemal die Rede vom Nationalgeiſte. Was
uns fehlet, hätte ja auf eine andere Art geſaget werden
können.

Wir kennen uns selbst nicht mehr:
Wer waren wir denn vorher? Redet der
Herr Verfasser von Marcomannen, Her-
munduren, Cheruscern? oder von Ale-
mannen, Franken, Bajoaren! Oder sind
wir aus ehemals ehrlichen Leuten das Gegentheil geworden? Sind wir schwächer
am Leibe, als der Welsche und Franzose?
Sind wir in der Kriegskunst zurücke gekommen? Hat der Kayser die Freyheit der Stände geschmälert? (30)

* * * * * * * * * * * *

tracht, Trägheit zu unserer eigenen Rettung,
Gleichgültigkeit gegen die Gefahr unserer Freyheit,
Nachläßigkeit in Erfüllung unsers Bundes-
Worts u. s. w. dem Reichstag öffentlich ins An-
gesicht gesagt haben. (f)

(30) Politische Kleinigkeiten. (g)

Neue Anmerkungen.

(f) Ich versichere ernstlich, daß ich es lange schon gelesen habe; mich aber jetzt desselben nicht eigentlich mehr be-
sinne; aber wie gehöret dieses hieher? Der Herr Gegner
muß dasjenige, was meine Anmerkung veranlaßt hat, nicht
nachgelesen haben. Man kan uns Wahrheiten und Unwahr-
heiten, grob oder böslich, ins Gesicht sagen: heißt dies für
uns kennen? Und vor wem (coram quo) sollen wir bekennen,
damit andere nicht für uns bekennen? In diesem Falle
wären die Schweizer; wir aber niemals Die Schweizer wurden einer Art von Rebellion beschuldiget, und hier
war der Ort, wo man bekennen muß, oder andere vor
uns bekennen. Was haben wir aber gegen andere zu bekennen, von welchen wir nicht abhängen? Das schweizerische
Bekäntnis findet sich beym Goldast, wie weit es ächt
seyn mag, darum bekümmere mich hier nicht. Genug,
dieses ist ein Fall, der hier eine Anwendung leidet.

(g) Ich nehme die Sache ernstlich, und im Zusam-
menhang.

Wir ſind uns unter einander Fremde geworden: Waren wir Deutſche, oder keine, zu der Zeit, als Bajoaren keine Franken; Franken keine Frieſen; Frieſen keine Sachſen waren? Sind die Franzoſen aus der einen Provinz nicht denen aus der andern Provinz auch Fremde? Lebt man nicht hier in Frankreich nach einem Gewohnheitsrechte (Droit coutumier); dort nach geſchriebenen Rechten? In welchem characteriſtiſchen Sinne ſind wir uns alſo fremde geworden? (31)

Unſer Geiſt iſt von uns gewichen: Die Begeiſterten aus den Sevenniſchen Gebürgen haben zwar dieſe Sprache geführet; ich hätte aber gewünſchet, aus dieſem ſchönen Werke nur einigermaſſen den Geiſt kennen zu lernen, der von ihnen gewichen ſeyn ſoll? (32)

* * * * * * * * * * * *

(31) Politiſche Kleinigkeiten. (h)
(32) Sie werden ihn kennen lernen, wenn Sie die Geſchichte des Reichs, die Geſeze des Reichs, die Staats-Urkunden des Reichs zu leſen und zu erwegen ſich Zeit, Gebult und Mühe nehmen. Aus der bloßen Vernunft erlernen Sie es nicht, ſo ſehr Sie auf das Studium des Staatsrechts

Neue Anmerkungen.
(h) Das Publicum läßt ſich alſo nicht abfertigen. Die Rede bleibet allemal vom Nationalgeiſte.

Jede Universität ihren eignen Lehrer des Staatsrechts: Das klingt im
Zusammenhange so, als wenn jede Universität einen eignen Staat ausmachte, ihr eignes
Staatsrecht und einen eignen Lehrer deſſelben
hätte. (33) Das übrige verhält ſich ſo: weil
Deutſchland in viele Staaten ſich theilet:
ſo entſtehen daraus natürlich Particular-
Staatsrechte, und vielfache Irrungen unter den Ständen, welche eine Menge Schriften veranlaſſen. Aber daraus folgt mehr
eine natürlich nothwendige Verdunkelung
der Rechte, als ihre Aufklährung; indem

* * * * * * * * * * * * * *

und auf die Pedanten ſchmälen, die es verwirrt
haben ſollen. (i)

(33) Nein, ſo klingt es nicht und ſo wird es
niemand verſtehen, der es vor Ihnen geleſen hat
und nach Ihnen leſen wird. (k)

Neue Anmerkungen.

(i) Ich habe mein Geld dafür ausgegeben, um aus
Ihrem Werke den bewußten Geiſt kennen zu lernen;
dieſes iſt das geringſte: allein die Zeit, der Sie mich
beraubet haben! Sie halten Sich über das ganze Publicum auf, da Sie uns auf Staatsurkunten verweiſ-
ſen, und ſolche nicht einmahl nahmhaft machen. Den
Mangel der Beleſenheit ſoll ja eben Ihr Werk erſetzen.
Warum verſprechen Sie ſo viel, und halten oder erfüllen ſo wenig?

(k) Wenn es darauf ankommen ſoll, Ihren Sinn
zu errathen: ſo wird mich dieſes nicht mehr Mühe ko-
ſten, als einen andern. Aber alsdenn leſe ich, wo
nicht den Jacob Böhm, doch allemal lieber den Tacitus,
und wende meine Zeit alſo nützlicher an.

jede Streitſache ihre gute und ſchlimme Seite hat; jeder ſeiner Meinung den größten
Grad der Wahrſcheinlichkeit zu geben ſucht;
endlich aber doch der ungleichen Meynun-
gen ungeachtet vieles an ſich entſchieden iſt,
und bey Sachverſtändigen keinen Zweifel
mehr zurücke läßt, nur aber die Kraft einer
Reichsgerichtlichen, oder geſammten Reichs-
entſcheidung unmöglich anders, als auf die
Reichsverfaſſungsmäßige Art erlangen kan.
(34) Dieſer Mangel allein iſt es, der uns
drücket, ſonſt wäre alles klar.

Gleichwohl iſt nichts gewiſſer:
Was zwiſchen Kayſer und den Ständen
noch unausgemacht iſt, da-an ſind getheil-
te Intereſſen ſchuld. An ſo vieler Unwiſſenheit aber, die ſich leyder! allenthalben findet,
iſt theils das üppige Leben; theils die Pe-
danterie ſchuld, welche gewiſſe, und unter
andern dem Herrn Verfaſſer wohl bekannte
Gelehrte in das deutſche Staatsrecht ge-
bracht haben, da ſie ſolches mit nichts heiſ-
ſenden Auszügen aus Protocollen, Con-

* * * * * * * * * * * * * *

(34) Diß zu verſtehen, erfordert mehr als deutſchen Verſtand. Ich bekenne meine Unwiſſenheit. (k)

(1) Wenn Sie mich hier nicht verſtehen: ſo belieben
Sie es als Repreſſalien anzuſehen, die ich nothgedrungen
ergreiffen müſſen.

clusis (35) die oft ganz besondere Rationes
decidendi haben, nichts bedeutenden Ver-
trägen der Stände unter einander, die alle
Augenblicke wieder aufgehoben und verän-
dert werden können, (36) verwirret, und ein

* * * * * * * * * * * * * * *

(35) Sachte, mein Herr, wann Protocolle der
Reichs - und Wahl - Tage, der Crays - Convente,
der Associations - Congresse rc. wann die Schlüsse
und Urtheile der Reichs - Gerichte nichts heissen,
wann diese nicht mehr beweisen sollen, was soll
es dann thun? Was mag wohl in Ihrem Land
Actenmäßig gesprochen heißen? Sie haben ein sehr
lustiges und gemächliches Staatsrecht, die Schlüsse und Beweise aus demselben sehen aber auch eben
so aus, wie ein Raisonnement über ein Cölni-
sches Zeitungs - Blat. (m)
    (36) Biß zu diesem noch nicht erschienenen Au-
genblick bedeuten sie allerdings was und werden
es, Ihrer wenig überlegten Verwerfung ohnge-
achtet, immerhin als die Norm bedeuten, worauf
die Reichsgerichte selbst in Beurtheilung der Strei-
tigkeiten zwischen Reichsständen und diesen mit
ihren Landständen und Unterthanen Wahl - Capi-
tulations - mäßig angewiesen sind. (n).

Neue Anmerkungen.

(m) Die Rede ist von nichtsbeissenden Auszügen,
und selbst ein Spruch aus der heiligen Schrift heißt
nichts am unrechten Orte, wenn z. E. etwas in der Phy-
sik damit bewiessen werden wolte.
(n) Hier kommt zu viel Unvernunft zusammen, als
daß ich mich so gleich darinn finden könte. Doch ich fin-
de mich darinnen. Ein Vergleich zwischen dem Fürsten
von Albanien, und dem Bischof von Marie Galante macht
ein Jus inter Partes, aber nicht inter Caesarem & Imperium.
Das Beste wäre, wenn Sie es dahin brächten, daß

übel verſtandenes Practiſches und Prag=
matiſches der Vernunft (37) ſubſtituiret,
auf das ſo oft, als zwiſchen Kayſer und den
Ständen, auch beyden Religionstheilen, von
einer genau zu beobachtenden Juſtitia tam
commutativa, quam diſtributiva die Re=
de iſt, zum Grunde liegende Jus aber gar
nicht, oder zu wenig reflectiret haben, gleich
als wenn zwiſchen einem Civiliſten und Pu=
bliciſten ein ſolcher Unterſcheid, wie unter
einem Franzoſen und Deutſchen wäre. (38)

* * * * * * * * * * * * * * * *

(37) Wir ſind an die Geſetze gewieſen, dieſe
ſind unſere Logic und nicht die bloße Vernunft,
am allerwenigſten eine kranke und unbeleuchtete
Vernunft. (o)

(38) Der Unterſchied iſt ungefehr ſo, wie zwi=
ſchen einem phantaſtiſchen und pragmatiſchen
Staatsrecht. (p)

Neue Anmerkungen.

der Satz: Qui bene diſtinguit, bene docet, conſiſciret
würde; wenigſtens können Sie damit drohen.

(o) Die Poſitivgeſätze zu einer Logic zu machen;
folglich das menſchliche Geſchlecht mit einer Logica po-
ſitiua zu beſchenken, erfordert freylich eine kranke und
unbeleuchtete Vernunft.

(p) Wie aber, wenn ein pragmatiſches Staatsrecht
ſich concipiren ließe, welches theils von Phantaſten,
theils von Ignoranten herrührte? Ein Staatsrecht, wel=
ches der Kayſerlichen Majeſtät ſo viel Gewalt nicht ü=
brig läßt, als erfordert wird, um nur die Wahlcapitu=
lation erfüllen zu können? Aber Sie, mein Herr, ſu=
chen ſich nur immer mit unbeſtimten, ſchwankenden
Begriffen durchzuhelfen, um es bald mit dem einen,
bald mit dem andern Theile halten zu können.

Nicht nur bey dem großen Hau-
fen 2c. bis Seite 17. Der alten Deutschen Patriotismus war der Haß gegen
die Römer: unserer Deutschen Patriotismus ist noch immer, nur nicht mehr in
gleichem Grade, der Haß gegen die Franzosen. (39) Wer wird auch zwischen einem Sachsen oder Hessen, und einem
Reichsstädtischen Bürger, welcher dem
Kayser huldigt, einen Vergleich anstellen.
(40) Daß die Reichstäge nicht mehr in
* * * * * * * * * * * * * * * *

(39) Das ist eben so gründlich gesprochen, als
wann man sagen wollte: Der alten Deutschen
Fehler war die Liebe zum Trunk, unsere Tugend
ist, nur nicht immer in gleichem Grad, die Nüch-
ternheit. (q)
(40) Sind sie dann aber nicht alle Reichs-Un-

Neue Anmerkungen.

(q) Dieses hat keinen Verstand. Ich sage, der Haß
gegen die Römer war der Teutschen Patriotismus, und
hier rede ich von keiner Tugend und keinem Laster. Ich
sage wieder, der Haß gegen die Franzosen sey an seine
Stelle kommen; und diesen Haß nenne ich keine Tugend.
Daß aber dieser Haß abgenommen habe, mußte bemerket werden, weil es wahr ist. Daß solcher getilget werde, schlossen Friedrich II. und Ludwig VIII. ein solem-
nes Bündnis, um den alten Brudernamen zu erneu-
ren. Einen Beweiß von dem Hasse gegen die Franzosen giebt das berühmte Buch, welches zu Speyer aufbewahret wurde, worinnen alle Beleidigungen,
welche jene den Teutschen zugefüget hatten, verzeichnet
gewesen. Einen Beweis hingegen, wie großer Bedacht
auf Tilgung dieses Hasses genommen worden, ist der
Befehl Kayser Maximilians I als auf welchen dieses
Buch verbrannt worden seyn soll.

Perſon beſucht werden, damit gehet es ganz natürlich zu, und kein Vorwurf kan dieſerwegen den hohen Chur-und Fürſten gemacht werden. Vor dem waren Kayſer und die Stände ſelbſt die Publiciſten; ihre geſunde Vernunft machte das Recht (41), das jetzt * * * * * * * * * * * * * * * * terthanen und ſeit wann hat der Heſſe und Sachſe aufgehört, es zu ſeyn? (r)

(41) Entweder iſt das durch die geſunde Vernunft der vorigen Kayſer und Fürſten gemachte Recht noch vorhanden oder nicht. Iſt es noch vorhanden, ſo kan es nirgends anders, als in denen Geſezen, Verordnungen und Schlüſſen geſucht werden, die noch würklich in unſerer Mitte liegen, und dieſe leſen ſich freylich nicht ſo friſch weg, wie ein paar Bogen voll Träume oder ein politiſcher Roman; ſondern erfordern Nachdenken, Erwegung, Vorſicht in der Anwendung, mit einem Wort Studium, wie jede andere Wiſſenſchaft. (s)

Neue Anmerkungen.

(r) Freylich ſind ſie Reichs Unterthanen; aber mit Unterſchied, und mit dem natürlichen Unterſchiede, den ich bemerket habe.

(s) Die Rede iſt ja von keinem Jure publico in ſenſu doctrinali, wovon man fragen könte, ob es noch vorhanden ſey, oder nicht? denen in der Mitte liegenden Goſätzen (denn von beſonders in unſerer Mitte liegenden weiß ich nichts) ſpricht niemand die verbindende Kraft ab. Allein wo vorher die geſunde Vernunft hingereichet hat; die Kunſt aber hinzugekommen; wo wenig Gelehrſamkeit erfordert worden, zu begreiffen, daß eine Römiſch Kayſerliche Majeſtät ſo viel Gewalt haben müſſe, das Reich in ſeinen Grenzen erhalten, die Reichsunterthanen ſchüzen, die gemeine Reichspolicey handhaben, gleiches Recht jedem wiederfahren laſſen und

ein Studium geworden, und durch Pe=
danten in Verwirrung gerathen ist. (42)

* * * * * * * * * * * *

(42) Die Verwirrung, so in dem Staatsrecht
durch Pedanten entstanden ist, würde noch zu
übersehen und der daraus entstandene Schaden
zu verschmerzen seyn; die Leute aber, welche die
Geseze eines Staats, die darauf sich gründende
ganze Verfassung und das Gleichgewicht der so
sehr verschiedenen Rechte und Pflichten nach dem
Jure cerebrino ihrer bloßen Vernunft beurthei=
len, oder wenn sie unglücklich genug sind, an
würklichen Geschäften theil zu haben, mit Hülfe
der Gewalt ihres Dienstherrn durchzusezen su=
chen, diese sinds, welche von je die schädlichste
und unverantwortliche Verwirrung in unserm
Vaterland verursacht haben. (t)

Neue Anmerkungen.

Reichsrichterliche Urtheile zum Vollzuge bringen lassen
zu können, und wohingegen Itiones in Partes in Politicis,
Recurſus ad Comitia in Justizsachen, Jura ſingularia,
womit kein gemeines Wohl bestehen kan; zu weit getrie=
bene Jura territorialia, provocationes ad interpretationes au=
thenticas, wo der klare Wortverstand der Reichsgeſäze
jedem vor Augen lieget: Hausverfassungen, den Reichs=
geſäzen entgegen gesetzet; Garantien, dem Obriſten
Reichs=Richteramte entgegen gestellet, und so viel an=
deres mehr erkünstelt und ganze Bibliotheken darü=
ber geschrieben worden: da ist das Recht ein Studium
geworden, und da muß man so viele pragmatische Sot=
tiſen und platitüden lesen, daß Leuten von Geschmacke
und patriotischer Gesinnung ein wahrer Ekel ankom=
men, ja bisweilen ein Schrecken sie überfallen muß.

(t) Hier wissen Sie wohl selbst nicht, was Sie haben
sagen wollen; derjenigen Leute giebt es leyder genug,
die Rechtsfehler machen, und mit der Macht ihres Dienst=
herrn bedecken; aber die gute liebe bloße Vernunft ist
nicht schuld daran, indem solche einem jeden saget, daß,
wo geschriebene Rechte vorhanden sind, derselbe sich ver=

Von dem Cabinetsminiſter an:
Zufälliger Weiſe könte es ſeyn, daß einmal
ſich ein ſo unwiſſender Miniſter und Refe-
rendarius fände; aber man kennet Miniſter
genug, welche die Reichsgeſäze überflüßig
inne haben, (43) um das Intereſſe der

* * * * * * * * * * * * * * * * *

(43) Die Miniſters, welche die Reichsgeſeze

Neue Anmerkungen.

Ihrem Inhalte bekehren müſſe. Findet er die Sach-
nach ſeiner bloſſen Vernunft anders; ſo darf er ja dieſes
wohl ſagen; aber das geſchriebene Geſäze entſcheidet deswegen doch. Will er aber die geſchriebenen Geſäze vor-
ſätzlich nicht kennen lernen, ober ſtehet ihm ſonſt was
im Wege: ſo muß er ſich anderer Hülfe bedienen. Will
er hingegen die Geſäße abgeſchaffet wiſſen, die er nicht
billigt, und nimmet ſeine Maßregeln darnach; ſo muß
ihm ſeine Vernunft ſagen, ob er ſolches nicht bloß durchſetzen, ſondern auch mit gutem Gewiſſen durchſetzen köh-
me? Iſt dieſes: ſo handelt er nach ſeiner bloſſen Vernunft beſſer, als er nach den Geſäzen gehandelt haben
würde, die fehlerhaft ſind, ober er handelt alsdenn
würtlich nach Geſäzen, aber beſſern Geſäzen; und ich
ſetze voraus, daß er es durchtreiben könne, und zwar
auf rechte Art, ohne Verletzung ſeines Gewiſſens. Verſtehen Sie aber unter jenen Leuten ſolche, die in dem
Vorurtheile ſtünden, als ob die bloſſe Vernunft die Känn-
nis eines facti hiſtorici ſuppliren könne, alſo daß z.
B. wenn die Rede vom jure eundi in partes wäre, die
Nachſchlagung des Weſtphäliſchen Friedens nicht nöthig
ſey: ſo müſſen ſie ſolche unter den Abderiten, und nicht
in Teutſchland ſuchen. Iſt aber Ihre Meinung dieſe,
daß z. E. das der Vernunft allein zukommende logiſche
ober moraliſche Urtheil über gedachtes Jus im Geſäze
ſelbſt, ober in Actis publicis zu ſuchen ſey; ſo ſezen Sie
eine Logicam poſitivam voraus. Reden Sie aber von
Leuten, die nichts gelernet haben, noch lernen wollen,
und doch den Staatsgeſchäften Sich widmen: ſo ſolten
Sie wiſſen, daß ſolche Miniſter ſich keineswegs auf

Stände, und ihres Standes besonders darnach beurtheilen, und abmessen zu können. (44) Was ein Professor und Schriftsteller wissen

* * * * * * * * * * * * * * * * *

überflüßig inne haben, sind zu allen Zeiten in Deutschland nicht sehr zahlreich gewesen und jezo, nach den allgemeinen Klagen und allgemeinen Erfahrung, noch seltener, als sonsten. (u)

(44) Also ist es das Interesse seines Dienstherrn, so den gesezmäßigen Mann in Deutschland bildet. Eine feine und lehrreiche Schilderung eines patriotischen Ministers. Glückliches Land, wo dieses politische Gnadenkind wohnet. (x)

Neue Anmerkungen.

die bloße Vernunft; sondern auf die Gelehrten verlassen, mit welchen Sie Parthie machen, oder daß sie als Avanturiers handeln.

(v) Es ist dieses mit Unterschiede zu verstehen.

(x) Ein anders ist es, das Interesse der Stände überhaupt und seines Standes ins besondere (denn ich rede ja zugleich von allen Ständen) nach den Reichsgesäzen, i. e. secundum leges Imperii, zu beurtheilen, und solches Interesse darnach (i. e. Legibus Imperii conformiter) abzumessen; ein anders aber ist es, die Gesäze nach dem Interesse seines Standes zu beurtheilen; und solche, die Reichsgesäze nehmlich, nach solchem Interesse abzumessen, d. i. demselben mittelst willkührlicher Auslegung zu accommodiren. Das gerade Gegentheil hiervon habe ich gesaget, daß nehmlich das Interesse der Stände nach den Reichsgesäzen; nicht aber die Reichsgesäze nach diesem Interesse zu beurtheilen seyen; sondern daß dieses Interesse den Reichsgesäzen billig weichen müsse. Ich beruffe mich auf den klaren Wortverstand meines Paragraphs, und mache es nicht, wie Sie, daß andere den Sinn errathen, und Grammatik und Logik darüber unbarmherzig auf geopfert werden sollen. Sie haben indessen mittelst

wissen muß, ist dem Minister entbehrlich.
(45) Mancher berühmte Schriftsteller würde in Examine rigoroso schlecht bestehen.
(46)

Beleuchtet man ꝛc. bis S. 28. Hier
ist ein Ort, wo viel schönes gesagt werden
könte. Aber man findet gemeiniglich nur
Worte, und Lieux communs. So viel
sey genug; wir müssen es entweder lassen,
wie es ist, oder ein so geschickter Herr Verfasser, wie der Herr Verfasser des vermein-

* * * * * * * * * * *

(45) Nicht alles, oder er ist ein sehr elender
Tropf. (y)
(46) Wenigstens muß ein Schriftsteller, so
die Welt belehren will, sein Thema gründlicher
verstehen, als Sie, noch zur Zeit, das deutsche
Staatsrecht. (z)

Neue Anmerkungen.
diesen Argumenti ab invidia duci eine abermalige Pro-
be Ihres guten Herzens gegeben. Sie wollen mich nur
anschwärzen.
(y) Nicht alles; freylich das A. B. C. Buch nicht.
(z) Ich gebe es zu, daß ein Schriftsteller, welcher
die Welt belehren will, sein sogenantes Thema gründlicher verstehen müsse, als ich nicht nur noch zur Zeit;
sondern auch so lange ich leben werde, das in der Frage
seyende teutsche Staatsrecht verstehe und verstehen werde;
aber ich will die Welt nicht belehren; sondern
mit der Welt, die mich hören und lesen kan,
nur vernünftig reden, und mich belehren lassen, und
ich will das unbestimmte contradictorische Staatsrecht nicht lernen, dessen General-Pächter Sie
und Consorten zu seyn glauben.

ten Nationalgeistes, müßte ein Compendium Juris publici entwerfen, solches dem
Reichstage vorlegen, und wann es dann
von Kayser und Reich gebilliget wäre, ver-
stünde sich das Verboth von selbst, daß niemand über ein anderes, als dieses lesen dürf-
te; die Art, darüber zu lesen, müßte auch
vorgeschrieben werden. (47)

Hat die Trennung ⸗ ⸗ der Reli-
gionen bis S. 30. In diesem ersten Sa⸗
* * * * * * * * * * * * * * *

(47) Noch besser, wenn Sie die gesunde Vernunft, durch welche die Herren der vorigen Zeit
das von den Pedanten nachhero verwirrte Recht
gemacht haben, in Kupfer stechen und auf dem
Reichstag austheilen ließen. (a)

Neue Anmerkungen.

(a) Dieses ist abgeschmakt; man läßt keine Gedanken
in Kupfer stechen. Hier könte ich eine Anecdote von einem gewissen Autor, der sich von Ziesenitz malen und darauf in Kupfer stechen lassen, anführen, wenn nicht meine Hochachtung für mich selbst mir diese Art Witzes
verböthe. Aber nochmals gesagt, ich nehme die Sache
ernstlich. Unsere Gesätzgeber waren jener Zeit Kayser und
Reichsstände, und sind es noch. Diese waren gelehrt oder
ungelehrt; Sie sprachen ex animi sententia, aus der Fülle
Ihres Herzens; oder andere sprachen durch Sie. Waren Sie gelehrt, oder waren Ihre Rathgeber gelehrt:
so fragt es sich, wo die Gelehrsamkeit hergekommen?
die Gelehrten wachsen doch nicht, wie die Schwämme,
aus der Erde. Einmal war also doch eine blosse Vernunft, die Gesätze dictirte. Waren Sie ungelehrt; o-
der Ihre Rathgeber ungelehrt: so ist der Fall einer blos-
sen Vernunft, welche Gesätze giebt, wieder vorhanden.
Mehrere Unterscheidungen zu machen, ist der Raum
zu klein, und der Schüler zu ungelehrig.

ze stecket eine kleine Verwirrung der Begriffe. Der Unterschied der Religionen im
Reiche ist niemals gesäzmäßig geworden.
(48) Reden nicht vielmehr die Reichsgesäze nur von einer Suspensione totius Juris
Dioecesani, bis auf eine zu treffende amicabilem compositionem? Nur eine Religion soll also eigentlich im Reiche seyn, wie
von Tausend Jahren her nur eine in solchem
war, weil aber eine Reformation zu jener
Zeit allerdings nöthig war, und daher eine
Trennung entstunde, wurden die Getrenn-
ten durch Reichsgesäze in den Stand gleicher Rechte versezet, bis man sich über die
Reformation vereinigt haben würde. Keineswegs aber soll der Unterschied der Religionen einen Verfassungsgrund ausmachen.
* * * * * * * * * * * * *

(48) Allerdings ist der Unterschied der Religionen im Reich gesezmäßig und eine Unwissenheit
der ersten Gattung, solches zu mißkennen, da
man in mehr als hundert Stellen der Reichsgeseze und Urkunden seit dem Westphälischen Frieden von Religionen in Plurali redet. (b)

Neue Anmerkungen.
(b) ich habe mich nicht deutlicher erklähren können,
als geschehen. Ein gewisser pragmatischer Schriftsteller
von der ersten Classe schiebt die Schuld auf den Pabst,
daß die Vereinigung in puncto Reformationis nicht zu
Stande gekommen, so sehr es NB der Kayser ge-
wünscht hätte. Die Stände wären auch nicht ausser
Schuld. So unwissend hätte mir aber diesen Gegner
nicht vorgestellet, daß Ihm der Reichssazungsmäßige
Ausdruk von nur einer, aber spaltigen, Religion unbekannt geblieben wäre.   C 2

(49) Die Catholischen sind oft wider den Kayser, wie die Protestanten wider den Kayser sind. Wären aber zwey Hauptpartheyen; so müßten die Catholischen auf das engste wider die Protestanten; diese auf das engeste wider die Catholischen mit einander vereinigt seyn. (50) So war es im drey-

* * * * * * * * * * * * * *

(49) Allerdings, lesen Sie doch nur das nächste beste Compendium Juris publici, oder, wann Ihnen vor Compendien grauet, schlagen Sie die Reichsgeseze selbst nach. Es sind aber zwey Folianten und steht viel Pedanterey drinnen. (c)

(50) So bald es die Behauptung oder Vertheidigung ihrer beederseitigen Rechte betrifft und wo sie nicht mehr als Ein Corpus angesehen werden können, da geschieht es auch wirklich. Da gibt es Vota communia eines Corporis gegen das andere, biß zur compositione amicabili. (d)

Neue Anmerkungen.

(c) Es ist lächerlich, daß einer, dem es vor Compendien, also vor der wenigen Mühe etwas Kurzes zu lesen, grauet, an Folianten verwiesen werden will. Welchen es aber wegen des Mangels der Gründlichkeit, und wegen einer unfruchtbaren Kürze vor Compendien grauet, der ließt auch gerne zehn Folianten: Ist dieses bey mir der Fall: so ist auch zu vermuten, daß ich sie schon gelesen habe.

(d) Nein, das ist nicht, mit gütiger Erlaubnis; denn es sind Fälle vorgekommen, wo Protestanten auf die Catholische Seite getretten sind, welches, wenn NB. Reichssazungsmäßig zwey Hauptpartheyen wären, nicht Reichssazungsmäßig geschehen können, ohne daß solche Protestantische Stände gleichsam als Uebergeher betrachtet, und ihres Voti legaliter beraubt werden können und müssen; de Facto ist es

sigjährigen Kriege selbst nicht, und der Kayser hatte selbst Catholische wider sich, und
Protestantische für sich. Daß keine Liebe
und kein Haß stärker sey, als wobey die Religion zum Grunde liege, oder mit eingemi-
schet werde, ist eine Umschreibung des be-
kannten: Quantum Religio potuit suade-
re malorum! Aber ehe an eine Reformation gedacht worden, war der unaufhörliche
Streit inter sacerdotium & Imperium
viel gefährlicher, (51) als die Uneinigkeit un-
* * * * * * * * * * * * * * * * *

(51) Wann das hizige Fieber gefährlicher ist,
als das kalte, folgt dann daraus, daß es eine
Kleinigkeit sey, das lezte zu haben. (e)

Neue Anmerkungen.

zwar, wie jederman weiß, geschehen; aber, wo
ist der Grund dazu in irgend einem Reichsgesäze zu finden? Darf also ein Protestant, wie es allerdings die Reichsgesäze gestatten, mit seinem Voto zu
den catholischen übertretten: so sind auch keine zwey
Reichsfazungsmässige Hauptpartheyen vorhanden. Es
ist nur ein Reich, und es sind keine zwey Reiche; der
Misbrauch des Juris eundi in Partes kan aber das Reich
also trennen, daß es einem Reiche nicht mehr ähnlich
siehet; aber dieser Misbrauch ist nicht Reichsfazungs-
mässig.

(e) Was Sie hier sagen, hat keinen Verstand. Die Thei-
lungen unter den Christen sind und bleiben betrübt; das
Jus eundi in partes in mere politicis ist das jus eludendi
leges Imperii per artes; allein auf die Art, wie Sie die Sache vorgestellt haben, passet meine Anmerkung vollkommen. Ein mehreres darf ich nicht sagen, und bin hierinnen übel daran: denn Sie ziehen gleich den Kayserlichen Hof, Churmaynz, Chur-Pfalz, und wie ich mer-
ke, nach einem zehntägigen Aufenthalte in Regenspurg

C 3

ter den zweyen sogenannten Hauptparthey=
en im Reiche jezo ist. Die Anmerkung über
den Westphälischen Frieden ist nicht adä=
quat; beyde Religionen sind ja in eine Gleich=
heit gesetzet worden, und der Westphälische
Friede an sich wird von keinem Theile scheel
angesehen, (52) da ich nehmlich unter bey=
den Theilen die Catholische und Protestan=
tische Reichsstände verstehe. Die Secula=
risationen erregten so viel Neid nicht, als
vielmehr die Landeshoheit den Catholischen
Ständen ein gleich angenehmes Geschenke

* * * * * * * * * * * * * * *

(52) Sie müssen die Schriften des Prälaten
von St. Emmeran und andere ähnliche von den
Jahren 1755. sq. nicht gelesen haben, sonst könn=
ten Sie ohnmöglich mit einer solchen entscheiden=
den Dreistigkeit dergleichen Dinge hinschreiben.
(f)

Neue Anmerkungen.

auch den ganzen Reichs = Convent (usu moderno, Nati=
onal = Versammlung) auf Ihre Seite; wie kan.
ich also bestehen? Ich werde mich nach Frankreich wen=
den müssen.

(f) Wenn die Rede davon ist, ob und von wem der.
Westphälische Friede scheel angesehen werde: so kommt
es ja wahrhaftig auf St. Emmeran nicht an; sondern
darauf, welcher Theil sich in corpore darüber publice
geäussert habe? denn der weltliche Fürst, und der geist=
liche Fürst, der heute so denket, denket auch wohl mor=
gen anders, aber entweder von öffentlichen Aeusserun=
gen eines Corporis, oder von erweislichen constanten
Maasregeln muß die Sache hergenommen werden, sonst
lauffet es auf ein blosses Reliquien = Geschwäze hinaus.

geweſen, (53) und es hängt nur von Ihnen ab, ſich vom Papſte unabhängig zu
machen. (54)

Da aber juſt hierinnen der Kno-
ten ſteckt bis S. 33. Der Sinn der
Wahlcapitulation iſt offenbar dieſer; daß
niemand das Gegentheil von dem behaupten
ſolle, weſſen beyde Religionstheile ſich mit
einander verglichen; nicht aber, daß niemand über das ſchreiben ſolle, worinn beyde Theile erweiolicher maſſen noch unglei-
gleicher Meynung ſind. Nur das iſt
verbothen, daß wo noch kein Diſſenſus

* * * * * * * * * * * * * * * * * *

(53) Gleich als wann die Catholiſche Stände
die Landeshoheit nicht ſchon vor dem Weſtphäliſchen Frieden eben ſo gut als die Evangeliſche gehabt hätten. (g)

(54) Ja, juſt ſo, wie man mit ein paar Re-
cepten voll Cameral-Philoſophie die Liebe des Lu-
xus aus den Ländern und menſchlichen Herzen ver-
bannt. (h)

Neue Anmerkungen.
(g) Ich ſage, den Catholiſchen Ständen wäre die Landeshoheit ein gleich oder eben ſo angenehmes Geſchenke, wie den Proteſtanten geweſen; folglich ſage ich,
ſie wäre beyden ein gleich angenehmes Geſchenke geweſen.
Ich ſage alſo nicht, daß vor dem Weſtphäliſchen Frieden ein Theil ſolche eher, als der andere gehabt habe.
Hieraus lerne man den Herrn Verfaſſer des Nationalgeiſtes kennen.
(h) Iſt eine Platitüde, und verräth zugleich eine
ſtarke Unwiſſenheit.

Reichskündig entstanden, niemand durch eine Schrift eine Gelegenheit dazu gebe. (55)
Auser dem ist das gedoppelte Vaterland ein Gespenst, welches, wer weiß wer? allein gesehen hat; (56) kein Mensch weiß etwas davon, und in den nicht sowohl gemischten Territorien, als wo die Grenzen verschiedener Catholischer und Protestantischer Territorien in einander laufen, haben die Catholischen, wie jederman weiß, eine solche Mäßigung nach und nach angenommen, daß sie mit uns, und wir mit ihnen ganz vertraulich umgehen.

* * * * * * * * * * * * * *

(55) Die Stelle steht Art. II. §. 6. der Wahl-Capitulation. Gegen einen Mann, der sichs herausnehmen darf, zu sagen
„ihr Sinn ist offenbar dieser,,
haben andere nur zu hören und zu schweigen. So heroisch traut sich nicht leicht einmahl ein Wahl-Bothschafter zu sprechen. (i)
(56) Würklich ists ein Gespenst und kein guter Geist. Bännen Sie es, wann Sie können. (k)

Neue Anmerkungen.
(i) Kein Monarch hat über den klaren Wortverstand eines Gesäzes mehr Recht, als der geringste Unterthan. Die Kayserliche Machtvollkommenheit hat das Neutrum Shisma, in kein Genus femininum verwandeln können, noch wollen, und wenn mir nicht erlaubt ist, die Reichsgesäze doctrinaliter zu interpretiren, und einen vernünftigen Sinn derselben fest zu sezen: wofür soll ich sie denn lesen, und warum verweist mich mein Herr Ungenanter so oft an dieselbe.
(k) Sieh meine Replik auf die Anmerkung (50.)

Die fernere Haupturſache: So
viel iſt wahr, daß die Churfürſten in ihren Landen, und zwar Reichsconſtitutionemäſ-
ſig, mehr bedeuten, als die Fürſten; (57)
* * * * * * * * * * *

(57) Nein, mein Herr, ſo viel iſt nicht wahr;
kein einiges Wort aus allen Reichsgeſezen kan
aufgewieſen werden, daß die Churfürſten in ihren Landen mehr bedeuten ſollen, als die Fürſten; die Rechte bey der Erwählung eines Kayſers, der Rang und andere Vorzüge, haben mit
ihren Landesherrlichen Rechten nichts zu ſchaffen;
das Privilegium de non appellando haben die
mehreſte alt-Fürſtliche Häuſer ſo gut, wie ſie;
worinn ſoll dann das mehr bedeuten beſtehen?
daß der Löwe im Wald mehr bedeutet, als der
Wolf und dieſer mehr als das Eichhorn, iſt frei-
lich Wald-Conſtitutionsmäßig; wann man aber
mit einer ſolchen Dreiſtigkeit, als hier mit dem:
So viel iſt wahr, geſchiehet, von Sachen ur-
theilt, die nicht auf bloßen Phantaſien, ſondern
auf erweißlichen Factis beruhen ſollen, ſo iſt das
(nach der Sprache der politiſchen Kleinigkeiten)
vor den Paul, Peter und Kunz gut; wann ſich
aber auf Reichsgeſeze bezogen werden will, ſo verdiente das Publicum ſo viel Achtung, daß man ihm
wenigſtens en gros die Conſtitution neñe, wor-
iñ dieſe neue Wahrheit enthalten ſeyn ſolle. (I)

Neue Anmerkungen.

(I) Ja, es iſt wahr, und mit Vergnügen würde ich
mich an dieſem Ort aufhalten, wañ ich es mit einem
Gegner, der die Sache verſtünde (deswegen können ſie
doch ſonſt viel verſtehen, und ich will ſie hierdurch nicht
beleidigen) zu thun hätte. Nehmlich ſie können alles
wiſſen, was in den Compendien ſtehet; Sie haben auch
Zeit genug gehabt, groſſe Werke zu leſen; die

unter den Fürsten wiederum Mächtigere
mehr als die Schwächern, (57) und die
Kayserliche Authorität bleibet deßwegen doch
allgemein, wenn solche gleich ganz natürlich
bey den mindermächtigen Ständen mehr.

* * * * * * * * * * * * * * *

(58) De facto, aber niemahlen nach den Ge-
sezen, welche von diesem Unterschied der Mächtigen und Schwächern nichts wissen, sondern in
Ansehung der Landesherrlichen Rechte einem so
viel als dem andern zutheilen und vielmehr die
Schuzwehr des Schwächern gegen den Mächtigen ausmachen. Eine andere Sprache ist nicht

Neue Anmerkungen.

Reichsgesäze sollen Sie gar auswendig wissen, und deßwegen können Sie doch von diesem allen keinen Verstand
haben. Das: qui bene distinguit, ist Gott lob! noch nicht
confisciret. Einige Fürsten haben nur zufälliger Weise
das Jus de non appellando illimitatum; die Churfürsten a-
ber haben solches Reichsconstitutionsmässig. Die Fürsten,
die solches Privilegium haben, machen also nur eine Aus-
nahme; in der Regel, hätten die Churfürsten also doch
allemal eine Reichssazungsmässig mehr bedeutende Landeshoheit, als die übrigen Stände, und nicht vergebens,
und nicht blos pro Stylo, gebiethen Sie aus Chur- und
Landsfürstlicher Macht. Das Crimen læsæ Majestatis kan
allein wider die Churfürsten begangen werden, und allein unter allen Reichsständen gebühren Höchstdenenssel-
ben Regii honores, und Höchst Jhro Ambassadeurs können absque injuria nicht miskennet werden. Was für
Zänkereyen bey solchen Gelegenheiten vorgefallen, darum bekümmere ich mich nicht. Die Pedanten. die unser
Staatsrecht verwirret haben, sind auch hieran mit schuld.
Eine Landeshoheit aber, welcher eine Qualitas fere Regia
anklebet, wird doch in etwas von einer andern un-
terschieden seyn. Allein hierauf beruhet der Haupt-
grund, daß bey dem Exercitio juris Dominii eminentis
die Churfürstliche Landeshoheit sich auf eine, recht in
die Sinne fallende, Art unterscheide.

suppliren muß, als bey den mächtigern zu
suppliren nöthig ist; (59) allein das ist zu
* * * * * * * * * * * * * * *
Philosophie und noch weniger Patriotismus, sondern entweder Unwissenheit oder Machiavellis-
mus. (m)

(59) Dieser Gedanke ist grundfalsch. Der
Kayser ist nicht zum Lücken-Stopfer da; die
Wahl-Capitulation sagt vielmehr Art. XV. §. 8.
ganz positiv: Daß sich Churfürsten, Fürsten und
Stände des Reichs (NB. ohne Unterschied der
Mächtigern oder Schwächern) bey ihren herge-
brachten und habenden Landesfürstlichen und
herrlichen Juribus, selbsten und mit Aßistenz be-
nachbarter Stände sollten manuteniren können;
so verhält sichs auch in der Praxi und der Kayser
mischt sich in die innere Landes-Regierung und

Neue Anmerkungen.

(m) Befehlen kan ein jeder; aber, wer gehorchen soll,
muß auch geschützet werden können. Die Schwächern
dürfen bey der Ausübung ihrer Landeshoheit nicht weiter gehen, als sie die Unterbanen zu schützen vermögend
sind, und eben deswegen hat die Kayserliche Macht
bey ihnen mehr zu suppliren, als bey den Größern, und
eben deswegen solten die Minderwächtigen sich viel fester
an das höchste Reichsoberhaupt anschließen, als sie thun.
Die Landesherrliche Rechte sind übrigens negative gleich;
aber nicht positive. Die Landeshoheit hat eine Grenz-
linie:

Ultra quam citraque nequit consistere rectum,
und hierinnen sind Chur- und Fürsten, Grafen, Städte
und Reichsritter einander gleich. Die wahre Landeshoheit aber, darunter das Dominium eminens verstanden (welches von Gott und Rechtswegen dem Kayser
und Reich collective allein, und keinem Stande sigilla-
tim, zukommen solte) erfordert allerwenigstens bey
Singulis ein ihr angemessenes Territorium. Aber weder Sie, noch andere bloße Gedächtnis-Publicisten
v.cit. hea das mindeste davon.

viel gesagt, als ob das Privat-Interesse bey
den Mächtigern stärker wäre; (60) bey den
Kleineren tobt es am ärgsten. (61) Jene
sehen ihr Land als einen Europäischen

* * * * * * * * * * * * * * *

Obrigkeitliche Verwaltung eines Reichsstands,
von welcher Gradation er seye, nie eher, biß Er
entweder nach seinem Richteramt dazu aufgefor-
dert wird, oder besondere Fälle seine Obrist-
Hauptliche Verwendung dabey erheischen; nicht
aber, wie hier angegeben wird, Ergänzungsweis;
vielmehr ist der Fall gerade umgekehrt und die
Kayserliche Auctorität ist zum Besten der Schwächern als eine Temperatur und Correctif der sich
immer mehr zur Despoterey neigenden Gewalt
der Mächtigen. (n)

(60) Das Interesse richtet sich nach den Kräf-
ten des Vermögens, je größer dieses ist, je stärker wird in natürlicher Folge jenes. (o)

(61) Dieses Toben soll also nach dem Staatsrecht der politischen Kleinigkeiten der Kayser suppliren. Schöne Begriffe von der Würde eines

Neue Anmerkungen.

(n) Ist ein pures Gewäsche: denn was hier wahres gesagt wird, habe ich nicht geläugnet Die Unterthanen
müssen doch regiret werden, es sey nun von wem es
wolle. Findet ein Recursus a Regente ordinario ad su-
periorem statt so suppliret dieser Superior. So oft die
Kayserliche Majestät das Obristreichsrichteramt ausü-
bet: so oft wird ein Recht suppliret, das dem subordi-
nirten Regenten fehlet; anderer Fälle zu geschweigen.
Wo aber habe ich denn nur mit einem Worte von einem ordinären beständigen Suppliren geredet. wofür
jedoch der Kayserliche immer gegenwärtige, immerfort-
daurende Schuz angesehen werden könte?

(o) Hat keinen hierher passenden Verstand.

Staat; (62) dieſe ihr Ländchen als ein Landgut in Deutſchland an.

Dieſe Theilung ꝛc. bis Seite 40. Zwiſchen Sachſen und dem Reiche war von je her ein Unterſchied, man ſehe die Sache an, von welcher Seite man wolle. Niemals wollten die Sachſen recht in die übrige Form ſich fügen, und behielten ſich bey aller Gelegenheit ihre eigne Rechte bevor.

* * * * * * * * * * *

Reichs-Oberhaupts! ein feiner Beruf vor einen Kayſer. (p)

(62) Es ſind höchſtens nur zwo Häuſer in Deutſchland, die ihre Lande in dem ganzen Zuſammenhang als einen Europäiſchen Staat anſehen können und denen man es gelten läßt, wenn ſie ihn würklich ſo anſehen. Ein Churfürſt von Sachſen, Bayern und Pfalz iſt in Vergleichung anderer Deutſchen Herrn ein mächtiger Reichsſtand, es iſt aber wohl noch keinem Miniſter dieſer Höfe eingefallen, ihres Herrn Land vor einen Europäiſchen Staat anzuſehen. Wann ſich doch Leute mit Sachen unbemengt ließen, deren erſte Begriffe und Elemente ſie nicht einmal verſtehen. (q)

Neue Anmerkungen.

(p) Wenn es der Würde eines Kayſers oder Königs nicht entgegen iſt, henken, köpfen und rädern zu laſſen; ſo wird das Coerciren (nicht Suppliren) des Tebens auch noch ſtatt finden.

(q) Dieſe Anmerkung iſt zu wichtig, als daß man ſich nicht um ihr Datum bekümmern ſolte. So viel ich Nachricht habe, datirt ſie ſich: Sachſenhauſen den 11. dieſes.

Indeſſen müſſen ſie den nehmlichen Kayſer
erkennen, welchen die Oberdeutſchen erkennen. Aber das heißt in einem uneigentlichen
Sinne das Reich, wo die Territorien in
einander lauffen, und die Natur der Dinge ſelbſt dem Kayſer eine gröſſere Authorität giebt, als er unmöglich in den groſſen
geſchloſſenen Territorien verlangen kan.
(63) Wenn der Herr Verfaſſer ſagt, man

* * * * * * * * * * * *

(63) Die Geſeze machen in der Gründung,
Würkung und Ausübung des Kayſerlichen Amts
und Richterlichen Gewalt bey keinem Reichsſtand, er ſeye Sachſe, Frank oder Schwab, irgend einigen Unterſchied, und daß er ſie in den
groſſen geſchloſſenen Territorien ſo gut und ſo
rechtlich, als bei dem kleinſten Reichsgräfen verlangen kan, daran hat noch niemand gezweifelt.
Wie weit es in der Ausübung reiche, davon iſt
hier die Rede nicht. Die Natur der Dinge,
warum und ſeit wann er es nicht kan? wer ihm
dieſes abgeſprochen? und Jahr, Datum und
Ort davon, wird das Publicum von einem neu-
en politiſchen Lucretio zu gewärten haben. (r)

Neue Anmerkungen.

(r) Der jedesmalige Kayſer hat im ganzen Reiche gleiche Authorität; aber in der Ausübung muß es wegen
der Natur der Dinge ſelbſt variiren, wie ſolches in
den eigenen Erblanden auch nicht anders iſt. In den
unter einander lauffenden kleinen Territorien können viele Fälle vorkommen, welche zu einer Reichsgerichtlichen
Klage ſich qualificiren, wohingegen die nehmlichen Vor-fäl-
le in den groſſen Territorien von ganz anderer Natur ſind.
Im Groſſen lauffet es hauptſächlich auf den Unterſchied
bey dem Exertitio iuris Dominii eminentis hinaus.

könne mit einer Pünctlichkeit, deren sich we-
nige Prophezeihungen rühmen könten,
nachrechnen, seit wann der Geist dieses
und jenen Hofs gestiegen sey: so versteht
er darunter Prophezeihungen vergangener
Dinge, (64) welche allemal die richtigsten
sind.

Kaum traut man seinen eignen
Augen: Es ist nichts in der Welt so gewiß, als daß wir Deutsche durch die Verfassung selbst zu sehr getrennet seyen, und
um ein politisches gemeinschaftliches Interesse zu haben, eine ganz andre Verfassung

* * * * * * * * * * * * * *

(64) Prophezeihungen aus vergangenen Dingen; Schlüsse daraus auf das künftige; ja die
sind die richtigste, wann sie aus einem logicali-
schen Kopf kommen. Dazu gehört aber mehr
Nachdenken und Anstrengung des Gemüths,
mehr theoretische Keuntniß eines Staats und dessen Verfassung und Bedürfnisse, mehr practi-
sche Erfahrung, als sich in Ihren Anmerkungen
zu Tage geleget hat. (s)

Neue Anmerkungen.

(s) Man lese nur den Text, und urtheile aus vorste-
hender Verdrehung von der Gedenkensart des Herrn
Gegners. Aus vergangenen Dingen hat er nicht prophe-
zeihen wollen. Das Steigen des Geistes war der Ge-
genstand der vermeinten Prophezeihung. Da es nun
nicht heißt: Wann der Geist steigen werde; sondern seit
wann er gestiegen sey; so hat er ja ein vergangenes
Ding prophezeiht.

eingeführet werden müßte. (65) Ist nicht
die Landeshoheit Reichs-Friedensschluß-
mäßig? Was liegen denn aber für Gesäze in der Mitte, als eben diejenigen,
die ein allgemeines Deutsches Interesse
leyder! unmöglich machen, und welche
die Unitatem Territorii fast aufheben?
Ich rede hier, weil der Fall also gesezet ist,
von einem allgemeinen Deutschen Interesse
der sogenannten Unterthanen. (66) Neue
Grün-

* * * * * * * * * * * * *

(65) Es ist nichts in der Welt so gewiß, als
daß unsere Verfassung, so fern sie auf eine ge-
treue und redliche Beobachtung der Geseze gestuzt
ist, das gemeinschaftliche politische Interesse keineswegs hindert. Um aus dem vergangenen das
gegenwärtige zu beurtheilen, so würde ohne diese
Möglichkeit das ganze Reichs-System unter denen daßselbe betroffenen schweren Erschütterungen
längst zu trümmern gegangen seyn. Der nähere
Beweis davon gehört nicht in Anmerkungen dieser Art und vor Leute, die Deutschland und seine
Geseze richtiger kennen, als Sie. (t)
(66) Das Interesse der Deutschen Unterthanen
gehört allerdings sehr wesentlich zu dem großen
und allgemeinen Interesse der Deütschen Freyheit,
es

Neue Anmerkungen.

(t): Das heißt nichts gesagt. Wenn wir thun, was
in der Bibel steht: so kömmt keiner in die Hölle. Wenn die
Bibel zu Rom, wie zu Genf; zu Genf, wie zu Rom
ausgeleget wird: so sind wir einig. Die Reichsgesäze
reichen, zumal so nude crude genommen, auch nicht zu,
und bedürfen einer Revision.

Grumbachische Händel würden noch schlech-
ter ablaufen, als sie damals abgelaufen sind.

* * * * * * * * * * * *

ist aber von jenem nicht allein die Rede gewesen,
noch viel weniger der Fall so gesezt worden, daß
solches allein darunter bezielet werde. Daß aber
so gar Geseze in der Mitte liegen sollen, welche
dieses allgemeine Deutsche Interesse unmöglich
machen, ist gegen die unzählbare und unschäzbare
allerdeutlichste Stellen des Westphälischen Friedens, der Reichs=Abschiede und der Kayserlichen
Wahl=Capitulation so dreist und so Gesezwidrig
gesprochen, daß man es nur einer so tiefen Unwissenheit zu gut halten kan. Von gleichem
Schlag ist das übrige verwirrte Geschwäz von den
Reichsstädten u. s. w. (u)

Neue Anmerkungen.

(u) Man muß den Fall nehmen, wie er im Text ist.
Ist es meine Schuld, wenn der Herr Verfasser so un-
bestimmt redet? Uebrigens hat nach der im Westphälischen Frieden aufgestellten Verfassung (woran Frankreich den grösten Theil hat, wie Herr K. von K. in seiner Schrift de jure eundi in Partes gründlich gezeiget)
Die Trennung der Stände nicht ausbleiben können, und
wie so gar in Kleinigkeiten die Churfürsten von sich eräug-
nenden Conjuncturen zu profitiren suchen, vid. Acta co-
mitialia de 1678. Den Landesherrn ist nicht nur eine allzu-
grosse Gewalt eingeräumet; sondern es sind ihnen auch
in den Gesäzen selbst zu viele Auswege gelassen worden,
wodurch denn natürlich ein gemeines Interesse teutscher
Unterthanen (man seze es denn in den Emigrationen nach
Rußland) unmöglich gemacht wird. Tacitus erkante
an den Tributen die Völker, welche keine Teutsche waren; woran erkennet man die Teutschen jezt? Von Excessen
in Ausübung der Landesherrlichen Gewalt ist nicht die Rede;
sondern nur von der Reichssazungsmässigen Gewalt, wodurch den Mittelbaren fast aller Recursus ad Cæsarem ab-
geschnitten wird. Welch einen Begriff soll man sich
auch von einer, gleichwohl Wahlcapitulationsmässigen,

D

Ein Vasall, der gleichwohl noch
kein Janitschar : Die Janitscharen
sind freye Türken, und laffen sich nicht, wie
die Sclaven, behandeln. Der Großvezier,
die Vaffen u. f. w. sind Sclaven. Die
Stelle aus dem Wippo schicket sich kaum
so gut auf unsere Zeiten, als ein Recept aus
dem Cornelius Celfus oder Galenus in un-
seren Apotheken noch brauchbar seyn kan.
Etwas weniges will ich noch hier und dorten
auffuchen, und bemerken. S. 52. Unter
beyden, den Sachfen-Gothaifch-und Wei-
marifchen Gefandten mußte doch einer zuerst
reden, so groß auch die Gefahr gewefen feyn
soll. Wäre es auf die beyden allein ange-
kommen: so würden sie sich bald vereinigt
haben. Aber auf das ganze Reichs-Convent fällt die Schuld zurücke, als welches
ihre Stimmen indeffen, bis sie sich vereinig-
ten, hätte suspendiren können. S. 56.
Wann eine Reichsstadt ihre Freiheiten behaupten will, muß sie auch unpartheyifch
seyn; aber man kennt die Haushaltung
der meisten Reichsstädte, und sie graben
* * * * * * * * * * * * * *

Neue Anmerkungen.
Landesherrlichen Selbstmanutenenz bey der Landeshobeit
machen, womit die teutfche Freiheit zugleich bestehen könne? Nenne mir der Herr Gegner doch das Reichsgeid-
ze, worinn zu erst der Grund zur Unterdrückung der
Mediatorum gelegt worden. Ich, der nichts gelefen haben soll, kan es ihm nennen.

ſich ihre Grube ſelbſt, da ſie nicht gerade ausgehen, und nur diejenigen fürchten,
die ihnen auf der Stelle ſchaden können.
Wären es Mächtige; ſo ließe es ſich hören; aber auch Mindermächtige fürchten
ſie auf dieſe Art, und mißhandeln andere,
die in ſolcher Lage nicht ſind, aus dem
nehmlichen Grunde einer ſolchen falſchen
Politik. Sie ſezen nehmlich die Groſſen
und die Mindermächtigen, die ihnen auf
der Stelle nicht ſchaden können, in gleiche Claſſe. S. 73. kommt der unerwar-
tete Gedanke vor, daß die größte Kunſt
und das noch nicht entdeckte Geheimnis
darinnen ſtecke, die Herrn und Häupter
unſeres Vaterlandes zu bewegen, das zu
wollen, was ſie wollen ſollten. Entweder haben unſere Deutſchen Herrn dieſen Fehler des Nichtwollens des Guten
mit allen andern Regenten gemein; oder
es iſt ihr Nationalgeiſt. (67) Im er-

* * * * * * * * * * * * * * * *

(67) Nein, es iſt nicht ihr Nationalgeiſt, ſondern der Mangel, die Schwäche des wahren Nationalgeiſtes; oder, wann Sie wollen, das Ge-
ſpenſt, ſo ſich in den Nationalgeiſt verhüllet, das
Sie nicht geſehen haben, das aber in dem Ihnen
gleichfalls unbekannten gedoppelten Vaterland ſich
ſehr kenntlich vernehmen läßt. (x)

Neue Anmerkungen.
(x) Hier wird etwas wichtiges geſagt. Der Herr
Gegner macht einen Unterſchied zwiſchen einem wahren

D 2

ſtern Falle iſt nichts eigentlich hieher ge=
höriges geſagt worden, und im leztern
würden dieſe Herren aufhören, Deutſche
zu ſeyn, wenn dieſer Nationalgeiſt von
ihnen wiche. Ich dachte im folgenden
eine Erläuterung zu finden; aber verge=
bens. Die Kunſt, den Willen zu len=
ken, iſt übrigens längſt erfunden. Bey
dem einen würket eine Demonſtration nach
mathematiſcher Methode; bey dem andern
eine gewiſſe Beredſamkeit, wie ſie ſich für
ihn ſchicket; der dritte muß wie ein Un=
mündiger geleitet werden, und da fehlt es
auch an Vormündern nicht. Ich mache
den Beſchluß mit dieſer einzigen Anmer=
kung, daß es allerdings an dem ſey, daß
Deutſche, darunter Unterthanen verſtan=
den, ohne ſich um die Staatsverfaſſung
von Deutſchland zu bekümmern, ſich in
der Abſicht, die Ehre des deutſchen Na=
mens zu erhalten, bis auf ein gewiſſes
Ziel mit einander vereinigen können. Es
hat ſeine Richtigkeit, daß die Stände

* * * * * * * * * * * * * * * *

Neue Anmerkungen.

und falſchen Nationalgeiſte; er redet von einem Mangel,
von einer Schwäche des wahren Nationalgeiſtes. Unter
dem wahren Nationalgeiſte wird er doch keinen beſondern
Schuzengel Teutſchlands; und unter dem falſchen doch
hoffentlich nicht des böſen Feind verſtehen. Alle Teut=
ſche, Reichsunmittelbar, oder Mittelbar, frage ich ge=
ziemend: ob jemand aus Seinem Werke klug werden kön=
ne, was oder wer der Nationalgeiſt ſey?

des Reichs mit einem höchsten Oberhaupte desselben näher vereinigt werden könten, und daß Große und Mindermächtige in gar vielen Puncten nach falschen Grundsäzen, und wider ihr eignes Interesse handeln. Aber dieses scheinet eine ganz andere Art von Ausführung zu erfordern, als des Herrn Verfassers des so genannten Nationalgeistes. (58)

* * * * * * * * * * * * * * *

(78) Eine Predigt ist kein theologisches Handbuch; eine freundschaftliche Ermahnung kein moralisches System; ein guter Rath keine Physiologie; ganz ohnstrittig erfordert dieser Text noch eine größere Ausführung, und wann dieses erreicht wird, daß sich tapfere, einsichtige und patriotisch denkende Männer dadurch ermuntern laffen, verlegene und vergessene Wahrheiten wieder aufzusuchen, zu beleben und allgemein zu machen, so ist zugleich der wichtigste Theil meiner Absicht erreicht. Zu einer weisen, treuen und vorsichtigen Berathung des Vaterlands; noch mehr zu einem so zuversichtlichen und entscheidenden Ton, als der ist, worinn Ihre Anmerkungen geschrieben sind, gehört aber noch mehr, als nur ein Compendium Juris publici gelesen zu haben. In der weitern Ausführung eines philosophischen Cameral=Systems sind Sie vielleicht glücklicher, weil man sich da ehender, als bey Beurtheilung einer auf bereits vorhandene Geseze beruhenden Staatsverfassung, willkührlichen Muthmaßungen, gewag-

ten Urtheilen und dem ganzen Spiel ſeiner Jmagination überlaſſen kan. (y)

Neue Anmerkungen.

(y) Eine Predigt iſt kein theologiſches Handbuch; der iſt aber ein gelehrter Betrüger, welcher unter dem Titel eines theologiſchen Handbuchs ſeine Predigt drucken läßt, und ſo verhält es ſich mit dem übrigen, wobey es auch vor der Hand in der gelehrten Welt wohl bleiben wird. Diejenigen, die der Herr Verfaſſer des Nationalgeiſtes ermuntern will, ſieht er entweder als höhere, nach dem Grade der Gelehrſamkeit, Einſicht u. ſ. w. oder als Gleiche, oder als gelehrte Subalternen an. Es finden ſich, ſo Gott will, wohl Höhere; es finden ſich Gleiche in einem vortheilhaftern Sinne, und an gelehrten Subalternen, auch Subalternen von Subalternen, hat es niemals gefehlet. Aber der Herr Ungenannte nimmt dieſen Unterſchied nicht in Acht; er tractiret alles als ſubaltern, und fourragiret durch die ganze gelehrte Welt. So verhält es ſich mit Seiner Beleſenheit. Die beſtimmten Begriffe und richtigen Ausdrücke haſſet er und weiß nicht, daß wegen der Worte: Churfürſten und Stände bald der ganze Reichstag Ao. 1679. aufgehoben worden wäre.